中国社科

体验与服务设计

夏敏燕◎著

光明日报出版社

图书在版编目（CIP）数据

体验与服务设计 / 夏敏燕著 . -- 北京：光明日报
出版社，2025. 1. -- ISBN 978 - 7 - 5194 - 8448 - 4

Ⅰ . F719

中国国家版本馆 CIP 数据核字第 20254GN291 号

体验与服务设计
TIYAN YU FUWU SHEJI

著　　者：夏敏燕	
责任编辑：陈永娟	责任校对：许　怡　李佳莹
封面设计：中联华文	责任印制：曹　净

出版发行：光明日报出版社

地　　址：北京市西城区永安路 106 号，100050

电　　话：010-63169890（咨询），010-63131930（邮购）

传　　真：010-63131930

网　　址：http://book. gmw. cn

E - mail：gmrbcbs@ gmw. cn

法律顾问：北京市兰台律师事务所龚柳方律师

印　　刷：三河市华东印刷有限公司

装　　订：三河市华东印刷有限公司

本书如有破损、缺页、装订错误，请与本社联系调换，电话：010-63131930

开　　本：170mm×240mm		
字　　数：187 千字	印　　张：14	
版　　次：2025 年 1 月第 1 版	印　　次：2025 年 1 月第 1 次印刷	
书　　号：ISBN 978 - 7 - 5194 - 8448 - 4		

定　　价：89. 00 元

自　序

写作真是一个痛并快乐的过程。相信很多研究者都有这样的感觉，在相对空闲且缺少压力的状态下，论文写作计划一拖再拖，年底总结时又不免一声哀叹。然而，学而不思则罔，思而不学则殆，在写论文的时候就要有出版的决心，不能老是花时间找文章、看文章，然后就没有然后了。就如要泡到水里不断地扑腾才能学会游泳，做学术也要不断写，不断反思。我平时一直忙于教学事务，这次终于给自己设定了出一本专著的期限，让时间成为我完成写作的压力与动力。

对于设计研究方向，我读研不久就选择了用户体验方向。尤记得当年在江南大学设计学院求学期间，导师江建民教授发起的蒋氏基金每年都会支持举办若干讲座和研讨会，对江大学子产生了不小的影响。有一期是飞利浦公司主持的，要求参与者调研家中十年前与当前物品的变迁，从中分析时代潮流的变化趋势。当我分享了家中蕴含了江南泥瓦匠智慧的"大铁锅"浴锅时，很多同学对这种像炒菜锅似的大铁锅产生怀疑，生怕人坐在里面洗浴时会把自己烫伤。当我解释是盘腿坐在一块木板上，且技艺高超的泥瓦匠在砌这口锅时会在外面涂上一大层石灰，不能太厚也不能太薄，以保证洗浴之人不会被锅烫到，也不至于加热过慢之后，仍有一些同学表示怀疑。而外地友人去我老家游玩时，对这"大铁锅"好奇、惊奇，但鲜有人敢于尝试在它里面洗澡。我逐渐体会到"体验"这一词，本身反映了亲身的、个体的属性，是受个人背景、经验等因素影响的。甲之蜜糖，乙之砒霜。体验设计过程中首先要让用户抛弃成见，抛弃恐惧，敢于尝试，然后再是需要设计师亲身体会去发现设计问题，分析并解决这些问题。最终设计需要使用者亲身体会设计师的意图，但各花入各眼，由于使用者的不同，产生的最终体验也不尽相同。

从以用户为中心到故事叙述再到人机工程，读研到工作的十多年期间，无论是教学还是科研，人的生理、心理需求一直是我关注的重点。我们生活在设计好的环境中，被设计对象包围着，在很多情况下我们的注意力、能力和运动都是通过设计来协商的。我们生活在人工世界，设计无处不在，概念化和编排设计组合的持续体验成为设计研究和实践的一个中心挑战。在生活、工作中关注产品给人的感官体验、情感体验、思维体验，观察、体验、反思这些产品与服务的利弊得失已然成为我生命中的一部分，我也在理论研究与实践探索中进行了一些尝试。

早已有不少研究人员与企业专家对于体验设计、服务设计提出了他们的见解，也有不少优秀的专著面世。但我仍想经过自己的努力，将自己理解的体验与服务设计呈现出来。希望通过这次的写作，在查阅、翻译、反思国内外相关研究资料后，能进一步理解体验设计与服务设计，理解设计背后的人类行为动机与驱动因素，架构自己的设计思维模型框架，为体验设计与服务设计相关从业人员提供借鉴。

本书在第一部分探讨体验设计与服务设计的概念、区别与联系后，在第二部分对其流程、构成、用户类型、叙事设计阐述后，分析了体验与服务设计的相关评估方法与趋势。而第三部分和第四部分呈现了我在体验和服务设计方面的一些旧文，主要是从实效价值、享乐价值角度，结合人的生理、心理、社会属性分析可用性与情感化设计，并结合机电产品设计、界面设计等进行分析。虽然有些内容现在看来非常的稚嫩，然敝帚自珍，也算是对之前工作的总结。在整理结集成册时，我对有些文章做了修改与补充，调整了一些过于老旧的案例分析，补充并完善了一些内容。前几篇偏向机电产品、实体产品设计，后几篇偏向软性界面设计。本书也收录了2篇我指导的本科生创新创业成果论文，虽然研究深度还不够，但也体现了理论研究与教学实践的探索与尝试。希望此书能抛砖引玉，也希望各位业界同人来信共同探讨。

目　录
CONTENTS

第一篇　体验与服务设计概念 ················· 1

　缘　起 ···················· 3

　一个模糊概念：体验 ················ 8

　体验设计与服务设计的模糊范畴 ··········· 16

第二篇　体验与服务设计流程、因素、方法 ······· 23

　以人为本的设计流程 ··············· 25

　体验的构成因素 ················· 33

　用户与利益相关者分析与评价 ··········· 45

　叙事设计 ···················· 52

　体验与服务设计评估 ··············· 63

第三篇　可用性与情感化设计 ············· 79

　基于认知心理学的机电产品人机界面设计原则 ····· 81

　解读人机界面的话语艺术 ············· 94

　机电产品人机界面的语义传达研究 ········· 108

　数控机床设计中的风格塑造 ············ 117

　多终端背景下营造沉浸式的人机界面路径 ······· 124

　以用户为中心的 B2C 电子商务网站界面设计研究 ···· 134

"超现实"界面设计研究 ·················· 142

产品意象评价中的眼动与脑电技术研究进展············ 150

基于感性工学的直立起立床设计要素研究·········· 159

第四篇 体验与服务设计实践探索············· 167

简约化设计策略及其在失眠治疗仪中的应用·········· 169

数字化社会创新视角下的社区康复站点服务设计研究········· 179

云康复管理系统下的康复理疗床系列产品设计········· 189

基于服务设计的医养结合康复系统研究·········· 198

后　记··························· 213

第一篇
体验与服务设计概念

缘　起

　　近年来，区块链、共享经济、无人商店等新兴事物大量涌现，传统产业格局几乎都在被改变。汽车、地产、零售都是消费升级的代表行业，产业逐渐由产品交易向品牌服务转型。现代生活充满了设计，这种设计的饱和带来了一个有趣的挑战：不仅仅是设计单一的对象、服务、系统和环境，还要理解、想象、连接和编排所有这些不同的设计。在体验经济时代，消费在不同圈层全面升级，每个圈层的先锋用户，都在不同的核心场景中，生成不一样的核心需求，激发着新的解决方案乃至新业态。商业的重心，正从"把东西卖给谁"转向"为谁打造优质体验"。体验不再是产品一维的单向体验，而是多元、全触点的基于功能但更富情感化的体验。设计是为某物、某系统、某服务创建一个计划或规范，这些设计可能改变用户的体验。体验设计的兴起，是设计范式的一次深刻变化，其背后的原因是技术发展与消费升级，导致了设计变迁，共享价值创造。

一、技术发展

　　技术发展带来产品功能和界面的复杂化给消费者的心理造成极大的伤害。原本技术可以使人的生活更加方便、更具趣味性，然而每项新技术在给人类带来益处的同时，也会使生活复杂化，使人产生挫败感。当一行业达到稳定状态后，新的技术人员就会想办法增加产品的功能，而这通常使产品复杂化，有时还会降低产品的可靠性。用户若多次遇到操作挫折，就容易产生"习得的无助感"（learned helplessness），倘若经常遇到这种情况，更会产生严重的心理障碍。① "计算机焦虑"（computer anxiety）这一研究领域的出现证明现代化的产品已经给部分用户带来了心理上的障碍。② 顾客的忠诚度及公司名誉建立在使用者积极的、有信心的经验上。如果产品似乎很难用或不能满足他们的需求，用户就有可能对产品失去信心，产生恐惧，对品牌产生厌恶。设计出更"人性化"的产品、有意识地维护用户身心的可持续发展以及文化的传承与丰富成为具有社会责任心的设计师长久不变的目标。随着产品的结构和功能越来越复杂，提高操作的效率和使用的宜人性的要求成为设计的任务之一。

除了关注产品的可用性，产品的情感化也成为设计的焦点。以大数据为基础，整合人工智能相关技术的智能化设计，使机器可以作词、作曲、下棋、拍微电影，对设计人员来说，更为可怕的是可以自动生成标志、界面，甚至实体产品！业界开始反思，在人工智能的时代，培养出来的设计师和传统的程序员相比优势是什么？机器是否会"取代"设计师？设计是否需要或如何跟上技术的发展？未来设计必然将产生巨变，要跟上技术发展的脚步，但目前更为可行的是，找到机器难以捉摸的人性特点，从情感化、人性的角度来进行设计。信息、交互和体验设计在未来的设计地位可能会更突出。

唐纳德·A. 诺曼（Donald A. Norman）曾说过："当技术满足了基本需求，用户体验便开始主宰一切。"从"以机器为本"向"以人为本"转变成为设计的必然，用户体验设计概念很快越出了人机交互设计的领域，扩展到一切设计领域。③

---

① 王艳，薛晚如. 设计美 [M]. 镇江：江苏大学出版社，2020：95.
② 韩布新，文军庆. 计算机焦虑及其研究进展 [J]. 人类工效学，2003 (4)：27-29，34.
③ 代福平. 体验设计的历史与逻辑 [J]. 装饰，2018 (12)：92-94.

二、消费升级

随着生活水平的提高，尤其在当今中国，"供给侧"的产品用户体验的提升是必然选择。传统以人为中心的设计侧重于提高工作效率，侧重于完成任务，无论是对椅子的人机工程学研究，还是对用户友好的医疗产品界面设计。而今的以人为中心的体验设计是全局理解人，理解人、产品、环境的多维互动，赋予产品更为广泛的作用。设计师应对产品的本质进行再思考，从传统的造型编码者，转变为对用户、系统深入理解的系统构建者。

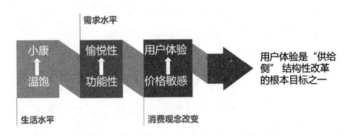

图1-1　生活水平、需求水平、消费观念改变与用户体验

产品和服务的界限模糊了，它们基本上是一起出现、上市、发布，这要求产品团队涉及和了解更多。由此产生了繁多的技术参考材料，如人体测量数据、市场研究、人口统计和安全标准等，这些限定的数据，可能有数量性，但常常忽略了关于行为和心理的质量性问题。在区分大量尺寸和要求的过程中，设计师可能变得太专注于或是仅仅消耗时间或精力思考超越这些限定数据。同时，人与资讯装置的互动会因情境产生繁复不同的状态与变化，事情变得越来越复杂了。① 在新的设计层级中，设计的内涵与外延发生了巨大变化，也使设计范式发生相应的变化。

---

① OWENS K. Real People in Real Places, Above Simplistic Data ［J］. Innovation, 1997, 16: 28-31.

三、设计变迁

在创新方式上，传统意义上有两种：（1）技术驱动，也有说"颠覆式创新"或"颠覆式技术创新"，着力从技术上进行突破。（2）市场驱动，以三驾马车之一的"消费需求"为核心，满足用户需求。2003年，罗伯托·维甘提（Roberto Verganti）提出了第三种创新方式：设计驱动式创新（design driven innovation），以挖掘意义为根本出发点，打造有意义的产品以及为组织的发展赋能。而2013年国际设计管理协会（Design Management Institute，简称 DMI）发布的设计研究报告中显示：设计驱动的企业在过去十年间的商业表现力，比处于标准普尔指数平均值的企业要高出228%。[1]

设计重心变化的一个典型例子是设计师和理论家诺曼的几本心理学方面书籍内容的演变。1988年出版的 *The Psychology of Everyday Things* 一书是他对关于设计的人类因素的总结。正如书名暗示的那样，阐述的是一种植根于认知科学和行为心理学的工业设计方法。这本书研究良好的设计是如何与人互动的，书中充满了糟糕的设计和好的设计的例子。在2005年出版的 *Emotional Design：Why We Love（or hate）Everyday Things* 一书中，他已经彻底改变了他的观点，强调设计师需要适应人们在日常生活中与事物的非理性情感关系。*The Psychology of Everyday Things* 这本书在2013年修订版时改名为 *The Design of Everyday Things*，同时也特别扩大了讨论的范围，包括商业、伦理和团队合作的运用，体现了设计范畴的扩展。

在这期间，用户体验设计也变为体验设计，去掉了修饰词"用户"，不仅体现了对"体验"本身的设计，还体现了设计对象由产品向服务的扩展，体现了向一切商品的体验的扩展。无论是体验设计还是服

---

[1] 李欣宇. 突破创新窘境：用设计思维打造受欢迎的产品［M］. 北京：人民邮电出版社，2021：6.

务设计，亘古不变的是对人的关注，运用新的技术、工具与方法对人的生理、心理进行更为深入全面的研究。

四、共享价值创造

1997 年，英国可持续发展咨询公司创始人约翰·埃尔金顿（John Elkington）在企业利润底线上增加了社会底线和环境底线，形成"三重底线"（triple bottom line），为企业统筹兼顾经济效应、社会效益、环境效益进而创造共享价值（Creating Shared Value，简称 CSV）奠定了理论基础。而在 2019 年 8 月美国企业家圆桌会议上将过去只强调"为股东创造价值"的公司宗旨调整为："为客户、员工、供应商、社区、股东创造价值"，这一改变体现了为利益相关者创造共同价值，使企业管理层认识到对社会问题和环境问题的责任，也催生了经济价值、社会价值和环境价值三者并举的战略思维和商业模式。像蚂蚁集团积极通过数字普惠，利用数字化技术进行创新，使更多人享受数字民生福祉，为小微企业降息让利，提供数字信贷，免费提供数字化工具，帮助小微企业数字化转型，为客户创造价值；通过数字化平台与技术，助力百县百品公益项目，提供基础保障、创业支持，多元助力女性发展，等等，为公益事业创造价值。蚂蚁集团也通过制定科学减排目标，实现自身绿色运营，引导绿色低碳生活，保护修复生态系统等方式，创造环境价值。由此可见，设计的价值创造目标与方式也发生了相应的变化，为利益相关者设计，与利益相关者共创。

一个模糊概念：体验

一、概念

在体验成为一种流行的营销工具前，体验就存在于我们对周遭的感受中。生产或推广具有"美妙体验"的产品早已不是一个新的概念，体验已然成为增值手段，但当你向别人解释什么是体验时，难以找到合适的定义。定义是对于一种事物的本质特征或一个概念的内涵和外延的确切而简要的说明。外延是所有包括在这个概念中的事物；内涵是所有组成该概念的事物的特性和关系。然而，就像一千个读者，就有一千个哈姆雷特，不同的人对体验有不同的理解，对其内涵外延也有不同的认识。体验是基于我们的生活，基于之前经历的种种而获得的综合印象，如家庭、朋友、宗教、种族等都能影响体验。反过来，新的体验和随后的记忆结构又重塑或修正我们之前的体验印象。

由著名哲学家埃德蒙德·胡塞尔（Edmund Husserl）发展起来的现象学（本体论，ontological）哲学流派，在哲学认识论的层面为开始理解和研究体验的本质提供一个良好的框架和方法。拉丁语 experientia 或法文 expérience 可以粗略地解释为"测试"或"试用"。国际标准化组织（ISO 9241-210, 2008）定义用户体验为用户使用或假想使用一个产品、系统或服务时的感知和反馈。① 可用性职业协会（UPA，2006）将其描述为用户与一个产品、一项服务或一个公司进行交互时感知到的各方面。② 内森·谢卓夫（Nathan Shedroff，2006）将其定义为用户、客户或观众与一个产品、服务或事件交互一段时间后所形成的物理属性上的和认知层面上的感受。③ 哈森扎赫（Hassenzahl，2006）和崔克廷斯基（Tractinsky，2006）将用户体验定义为用户内心的状况（倾向、期望、需求、动机、心情等）和具有一定特点的系统（复杂性、目的性、可用性、功能性等）在特定交互环境下产生的结果。④

尽管定义各不相同，可操作性也不同，但都指出了体验是与产品、服务或事件的交互作用或探索，指出了体验是交互时或交互后的反应与感受。这种交互探索为我们认知、记忆、过滤。当认知时意识到和没意识到的、真实的和不真实的体验，总是同时存在于同一个体验空间中。回忆体验时并不是对之前经历的再现，而是经过过滤的个人回忆的一种外化的解释，总是带着个人的色彩，甚至可以说是"偏见"。偏见的现象转换发生在体验的记录（编码）和检索（解码）过程中。体验不仅是经历过的，也是认知为一种特殊的体验。这意味着在直接体验之外，还包含一些通过反思或心理"价值构建"而产生的品质层面的体验。体验"在记忆中形成自己"的方式被添加了一些被称为意义的东西，并干预我们对事物的态度。

由此，体验是意识层面与无意识层面的融合，是真实的和不真实的平衡。即使两个人在同一空间分享同一件事，体验也各不相同。两个人

① International Standards Organization. Ergonomics of Human System Interaction：Part 210：Human-Centred Design for Interactive Systems［R］. Geneva：Switzerland，2008.

② Usability Professionals Association. Usability Body of Knowledge［EB/OL］. usabilitybok，2010-07-04.

③ SHEDROFF N. An Evolving Glossary of Experience Design［EB/OL］. Nathan，2010-07-04.

④ HASSENZAHL M，TRACTINSKY N. User Experience：A Research Agenda［J］. Behaviour and Information Technology，2006，25（2）：91-97.

总有不同的"现象和上下文元素"，体验有微妙的不同。设计师也因此无法创造真正相同的体验。真实的、不真实的总是存在于同一体验空间中，因个人不同而不同。在体验设计中，不是把体验想象成对设计的自动反应，或者由个人的行为所引起的事件，而是调查设计的构成要素和体验主体在体验时产生的经历。体验可以被看作客体与主体属性间的共同结果。

二、体验的特征

对于体验的特征的研究有助于理解体验的定义，也在用户体验方面，劳（Law，2009）等总结得出用户体验具有动态性、环境性和主观性的特点。① 奥尔森（Olsson，2013）指出用户体验分为经历性体验（产品使用一段时间内即时发生的经历）和累积性体验（产品使用一段时间后总体累加的体验）②，也从侧面体现了体验的动态性。哈森扎赫（Hassenzahl，2006）和崔克廷斯基（Tractinsky，2006）构建的用户体验模型③，提出了用户与产品交互过程的体验性，突出了动态性、复杂性与独特性，展现了体验在非静态使用过程中的情境性和暂时性。在服务这一无形体验方面，辛向阳、王晰从服务本体特征和服务接触中的共同

① LAWELC，ROTO V，HASSENZAHL M，et al. Understanding, Scoping and Defining User Experience：A Survey Approach ［C］. Proceeding of the SIGCHI Conference on Human Factors in ComputingSystems. New York：ACM，2009：719-728.

② OLSSON T. Concepts and Subjective Measures for Evaluating User Experience of Mobile Augmented Reality Services ［M］//HUANG W D，ALEM L，LIVINGSTON M. Human Factors in Augmented Reality Environments. Berlin：Springer，2013：203-232.

③ HASSENZAHL M，TRACTINSKY N. User Experience：A Research Agenda ［J］. Behaviour and Information Technology，2006，25（2）：91-97.

创造角度分析，认为服务体验具有不确定性。① 蔡特哈穆尔（Zeithaml）
等②认为服务具备四种特征：非物质性、异质性、不可分割性和易逝性。
笔者认为，体验的对象可能包含了有形、无形的，本文采用体验这一
词。正是因为体验涉及了环境性与个体的主观性，具有多维性，产生了
体验的不确定性，随着用户与产品和服务的共创，体验发生了变化，具
备动态性，而体验的主观性也导致了体验具有排他性，与现有研究并不
冲突。

（一）体验的多维性

在社会—物质方法中，根据美国哲学家约翰·杜威（John Dewey）
的实用主义观点，艺术的体验是一种实践和经历的混合体，不是强加于
主体或主体所带来的东西。③ 体验主体既是主动的又是被动的。伯尔·
赫克特（Paul Hekkert，2006）认为体验是用户与产品交互的结果，包
括感官的满意程度（美感体验），价值的归属感（价值体验）和情绪/情
感感受（情感体验）。④ 体验是用户和产品双向互动而形成的，主体人
的行为、属性与客体产品属性间交互、混合，主体产生情绪上的变化，
形成对产品的评价，产生对产品行为的变化。用户本身的情感、信仰、
喜好、认知印象、生理、动机、期望和成就等个人因素，场景的温度、
湿度、氛围、气候等物理环境，带来用户与产品之间即时互动体验的异
质性、不确定性。影响体验的关联因素涉及体验过程中多维的人、产
品、环境。

---

① 辛向阳，王晰. 服务设计中的共同创造和服务体验的不确定性［J］. 装饰，2018
（4）：74-76.
② ZEITHAML V A，PARASURAMAN A，BERRY L L，et al. Delivering Quality Service：
Balancing Customer Perceptions and Expectations［M］. New York：The Free Press，
1990：15-23.
③ DEWEY J. Art as Experience［M］. New York：Capricorn Books，1958：35-57.
④ HEKKERT P. Design Aesthetics：Principles of Pleasure in Product Design［J］.
Psychology Science，2006，48（2）：157-172.

图1-2 体验的多维性

体验出现在各种对象、交互、空间和信息的交织之中。由于涉及了主、客体的多维因素，在客体对象的范畴扩大后，变得越发多维与复杂，体验设计充满了不确定性。体验设计可以让研究者和设计师跨越界限，探究体验过程中交织在一起的元素与相互关系。

（二）体验的共创性

第一代的体验与体验经济研究者主要是约瑟夫·派恩（Joseph Pine）和詹姆斯·吉尔摩（James Gilmore）。当派恩和吉尔摩提出体验经济的概念时，他们将体验作为社会经济增长的关键因素提上日程。派恩和吉尔摩建议体验策划者遵循一份主要的待办事项清单：让东西活起来，将商品嵌入体验品牌之中，生产满足体验展示者的商品，使产品感知化，使产品稀缺，建立一家商品俱乐部，策划展示产品体验的活动。① 然而他们关注的是公司应该做什么，把客户描绘成相当被动的目标。

第二代体验研究者关注的是客户的感知、意义的创造和共同创造的

---

① 派恩，吉尔摩. 体验经济［M］. 夏业良，鲁炜，等译. 修订版. 北京：机械工业出版社，2008：20-25.

过程。体验已然成为顾客积极参与的产物。亨尼恩（Hennion）引入合作生产的概念，以体现体验客体是如何在互动关系中被解释的，而这些互动又成为客体的一部分。通过活动生产的概念，亨尼恩认为社会关系和客体是同时构成的，他进一步强调了用户在定义对象时所起的积极作用，也强调了对象在形成社会关系时所起的积极作用。① 没有消费者的在场参与，体验提供或传递过程中就缺少了被作用的客体。正是体验人人不同，与其假设一种体验设计可以控制用户并只引起一种预期的或期望的反应，不如将注意力转向用户在形成体验过程中所扮演的角色。体验设计本身并不能创造体验，而是提供了一个执行交互、参与创造的平台，赋予平台审美形式。这些互动都是由模糊的文化脚本和具体的材料脚本促成的。例如，一场引人入胜的音乐会，一场令人难忘的婚礼。所有相关人员仍以自己的方式参与，只是遵循一个粗略的行动计划，就像即兴创作的演员一样，遵循一个模糊定义的共同文化脚本，而活动中的食物、灯光、气球、鲜花、礼单等材料，影响着用户的交互。用户在体验的过程中，体验感受发生了变化，由此体验具有动态性。

除了体验过程中的共创，用户参与设计过程的"协同设计""参与式设计"也被理解为共同创造。从"为用户设计"到"和用户一起设计"，体现了"以人为本"设计理念。在工业设计领域，邀请用户参与设计过程早已屡见不鲜，重视用户参与设计过程和决策有利于设计从一开始就深入理解用户，同时也利于创造个性化的设计。

（三）体验的排他性

体验作为主客体互动结果的产物，不可避免地具有排他性。排斥是体验设计的一部分。虽然这样做不是恶意的，但它确实意味着不平等是出现在体验设计的过程中，除非它明确打算作为包容或通用的设计。以

① BENZ P. Experience Design: Concepts and Case Studies [M]. New York: Bloomsbury Academic, 2015: 105-112.

特定用户为目标而排除其他用户的过程使那些被排除在外的人无法获得体验。虽然这些经验可能很容易获得，但对不属于目标群体的人来说，这些经验往往很难获得。以用户为中心的设计（User-Centered Design，UCD）的实践是考虑目标用户而忽略其他用户的设计。正如库涅夫斯基（Kuniavsky）所指出的，把受众定义得太宽泛，根本就不能定义受众。①体验的设计总是以一定的受众素养为前提。在汽车的设计中，视力有缺陷的人通常会被排除在目标用户群之外。这使驾驶汽车的体验只对那些没有视力障碍的人开放。网页设计至少要求用户能阅读，能使用电脑和互联网。万维网联盟（W3C）的无障碍网页倡议（WAI）试图通过其Web 内容无障碍指南（WCAG）来改善无障碍网页。由此，这些指南有助于让身体残疾的人更容易获得网络体验，体验的目标用户增加了，网页界面的设计也会看起来很不一样，但仍然要求用户懂得技能和知识使用。那些不需要鼠标或键盘工具就能上网的网页没有排除运动或感觉障碍患者，使他们也能浏览无障碍网页，然而这些指南对那些阅读能力不强的人，包括那些有学习障碍的人及无相关语言背景的人，仍然无法带来良好的体验。

体验不平等存在于设计师明确地试图进行干预，使预期的结果优于非预期的结果。这种不平等也扩展到设计师所追求的特定类型的用户。用户技能和知识的差异导致体验不平衡，是排他的。与"一切为了每个人"的包容性设计方法相对立的是，"以用户为中心"要求设计者优先关注目标用户，了解关键用户的需求，理解用户群体间的体验差异。当然，这种方法并不是完全忽略非目标用户群体，在条件允许的情况下，包容性体验设计试图解决使用障碍和降低参与门槛。

---

① BENZ P. Experience Design：Concepts and Case Studies ［M］. New York：Bloomsbury Academic，2015：45-53.

三、总结

综上所述，个人累积的经历与体验将作为个体新体验的"场"①，在人与环境相遇时动态的、连续的相互作用中产生"体验"的结果。正因为形成体验的多维因素，体验是个人的，是排他的。体验设计过程中用户共创获取目标用户的需求与设计想法，或者用户本身就是体验过程的"演员"形成独特的体验。体验的复杂性要求体验设计师以开放的心态与用户、与相关利益者共创，与各行业开展跨领域合作，以真正实现以人为本的价值主张。随着复杂的、棘手的问题也成为设计问题，设计的社会化倾向更趋明显，找到尽可能满足各方需求的较好问题解更为重要。

---

① 王愉，辛向阳，虞昊，等. 大道至简，殊途同归：体验设计溯源研究［J］. 装饰，2020（5）：92-96.

体验设计与服务设计的模糊范畴

一、体验设计

体验作为设计实践的新兴对象，带动着体验设计的迅猛发展。派恩和詹姆斯·吉尔摩（James Gilmore）在《体验经济》中记录了西方发达经济体在 20 世纪 90 年代初不仅向消费者提供服务，而且还提供体验。[①] 根据消费者的兴趣、态度、嗜好、情绪、知识和教育，通过市场营销工作，把商品作为"道具"，服务作为"舞台"，环境作为"布景"，为顾客营造美好的体验，创造美好的回忆、值得纪念的产品及其商业娱乐活动过程。谢德罗夫在 2001 年出版的《体验设计》一书中将体验与体验设计连接起来，之后体验设计引起了更多设计领域学者的关注。体验设计的逻辑，是将设计对象由人为事物转向人的主观感受，将设计目的由技术世界转化为人的生活世界，从而促进人的自由体验。[②] 体验设计中的产品能与人的情感产生共鸣，不仅能满足功能和审美的需求，而且能为人的深层次精神追求服务。

体验不会仅仅涉及简单的产品，而是产品、服务、空间和信息的复

---

① 派恩，吉尔摩．体验经济［M］.夏业良，鲁炜，等译．修订版．北京：机械工业出版社，2008：28.
② 代福平．体验设计的历史与逻辑［J］.装饰，2018（12）：92-94.

杂组合，这对设计提出了挑战。唐硕设计咨询公司认为①，体验战略是一个长期的总体规划，围绕目标用户打造给予品牌价值的全局且统一的全渠道、全触点体验。体验设计应该允许研究者和设计师跨越边界，探究各种元素之间的相互关系。体验设计的中心关联在于它对异质元素的复杂组合的潜在敏感性，这在实践和使用中发挥着作用。因此，体验设计可以作为一些设计方法的总称，这些设计方法在实际使用中是以人为中心，以人为出发点，把人从技术世界解放出来，回到生活世界。

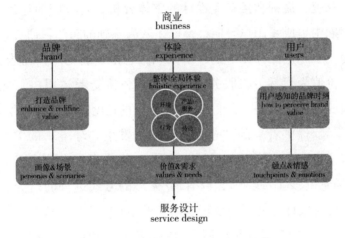

图1-3　唐硕设计咨询公司体验思维

二、服务设计与产品服务设计

（一）服务设计

满意体验的设计不只是对体验接触点的优化，更应该是在多重时间维度上全景式的过程体验优化，这就形成了服务设计。这要求服务设计

---

① 黄峰，赖祖杰. 体验思维：让品牌触动人心［M］. 天津：天津科学技术出版社，2020.

需要综合时空关系、用户行为与情境模式，实施"全视角"的系统思维方法。2019 年 1 月 10 日，我国商务部、财政部、海关总署发布了《服务外包产业重点发展领域指导目录（2018 年版）》，其中指出了服务设计是以用户为中心、协同多方利益相关者，通过人员、环境、设施、信息等要素创新的综合集成，实现服务提供、流程、触点的系统创新，从而提升服务体验、效率和价值的设计活动。① 德国科隆国际设计学院（KISD）比吉特·玛格（Birgit Mager）教授指出，服务设计是集成战略、系统、流程和接触点设计的整体分析，是有序的迭代的流程，在优化周期中集成了用户导向，是以团队为基础的跨学科研究模式。胡飞等认为，服务是一种无形的经济活动，它是以满足用户需求为基础，创造服务价值为目标，在服务提供者与服务接受者（用户）之间进行价值传递的互动行为。② 丁熊从心理学场论的角度解释服务流程中"人"（服务接受者/提供者）的"行为"和服务发生"环境"的关系，将服务设计重新定义为：从用户（服务接受者/提供者）角度出发，结合服务环境/场景（线上/线下），以有形/无形的方式进行的行为、过程和体验的系统化设计，使服务变得有用、可用和被需要，以及高效、有效和与众不同。③ 服务设计是以用户为主要视角，协同多方利益相关者共创，通过人员、场所、产品、信息等要素创新的综合集成，实现服务提供、服务流程、服务触点的系统创新，从而提升服务体验、服务品质和服务价值的设计活动。可见，服务设计以一种更为综合的角度，将设计的目标、原则和方法与商业战略、运营管理等结合做出规划和设计，以人们所体验到的服务过程中的接触点作为关键价值，设定用户、产品和环境之间的互动流程，为人们提供优质的服务和体验。服务设计不仅仅

---

① 商务部服务贸易和商贸服务业司.商务部　财政部　海关总署关于《服务外包产业重点发展领域指导目录（2018 年版）》的公告［EB/OL］.商务部网站，2018-12-29.

② 胡飞，李顽强.定义"服务设计"［J］.包装工程，2019，40（10）：37-51.

③ 丁熊，刘珊.产品服务系统设计［M］.北京：中国建筑工业出版社，2022：21-22.

是体验层面的创新，还包括信息流、物质流、资金流的设计，更大的价值在于资源重组后带来的新的商业模式乃至经济模式。

卡耐基梅隆大学的设计哲学教授理查德·布坎南（Richard Buchanan）在四个领域内描述了设计学科：图形、工业、交互和系统。从图形领域的符号、印刷品，到工业领域的产品，到交互领域的服务、体验、界面、信息，到涉及商业、组织、教育、政府等要素的更大系统。服务设计作为当前备受关注的设计领域，在不同设计对象中对应于布坎南教授所言的设计学科的交互或系统领域。服务设计本体属性是人、物、行为、环境、社会之间关系的系统设计①，既可以是有形的，也可以是无形的，连接的是商业定位和设计交付所涉及的种种细节。其创新不仅仅是产品工艺、结构等传统的技术创新，更是将技术创新提升到战略，或者融合了商业模式创新，甚至是整合了制度、组织等创新的集成创新。随着经济活动中心从工业制造向知识创造和服务提供转变，创新已经不仅仅是一个生存战略②，创新模式也由简单向复杂转变。

（二）产品服务设计

产品服务设计是以产品作为服务内容提供的综合设计产出③，通过以物质产品为基础和载体，以用户价值为核心、用户需求为主导、用户体验为重点的全方位设计，实现提供集物质产品和非物质的服务为一体的综合解决方案的目标。④ 这里系统的层次也不一而足。就产品开发相关利益方群体系统而言，设计团队采用共同创造的设计方式，注重用户

---

① 辛向阳，曹建中. 服务设计驱动公共事务管理及组织创新 [J]. 设计，2014（5）：124-128.

② SHAW B, CEFKIN M. 在复杂的 B2B 服务项目中的设计与行为 [M] //王国胜. 触点：服务设计的全球语境. 北京：人民邮电出版社，2016：129-142.

③ 李雪亮，巩淼森. 移动互联网视角下老年人智能产品服务设计研究 [J]. 包装工程，2016，37（2）：57-60.

④ 姚子颖，杨钟亮，范乐明，等. 面向工业设计的产品服务系统设计研究 [J]. 包装工程，2015，36（18）：54-57.

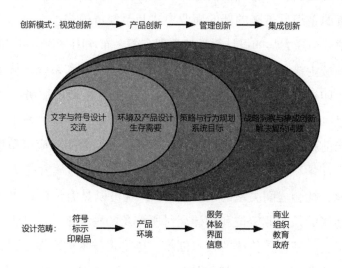

图1-4　布坎南的设计四层次

群的过程体验，发现特定环境下的资源和用户需求，综合考虑各个相关利益方需求，从而更理解产品和服务，提供满足各方需求的系统化解决策略。这里的相关利益方，视产品对象而不同，可能涉及产品使用者、经销商、厂家、设计师等角色，也可能涉及商业、组织、教育、政府等要素。就产品生命周期的系统而言，从产品、商品、用品、废品的全生命周期出发，将设计思考的焦点扩展到产品的使用、维护升级、配件市场、回收再生产等环节。[①] 产品服务系统经由曼奇尼（Manzini）教授、维周理（Vezzoli）教授、图克（Tukker）教授等一代代学者的研究，已细化为产品导向、使用导向、结果导向三种导向八个分类（见图1-5）。梅尔（Meier）等[②]提出工业化产品服务系统（Industrial Product Service

① SAKAO T, LINDAHL M. Introduction to Product/Service - System Design ［M］. London：Springer，2009.

② MEIER H, VLKER O, FUNKE B. Industrial product-service systems（IPS^2）［J］. The International Journal of Advanced Manufacturing Technology，2011，52：1175-1191.

System，IPSS），将视角聚焦于制造业中产品服务的整合、规划与开发，并将利益相关者角色定义为客户、OEM（IPSS 提供者）、供应商（IPSS 产品和服务供应商）和社会（政府和竞争对手）。帕克（Park）等①提出整合性产品服务（Integrated Product Service，IPS），认为产品与服务整合后的功能才是被销售的对象。

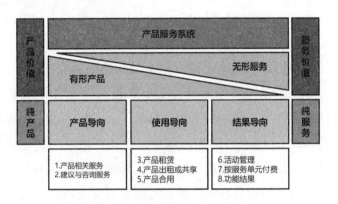

图1-5　产品服务系统三导向分类

　　总而言之，产品服务设计起源于"服务化"，将市场重点从"产品功能"转变为"产品与服务整合后的功能"，寻求企业与客户的共同利益；服务设计则起源于"服务主导逻辑"，一切都可被看作服务，关注重点为顾客体验与价值。两者都是通过共创方式，综合考量各个相关利益方的需求，对产品/服务的有形/无形的要素进行设计与优化。这也为设计师、创新者、企业家等提供一种可将服务系统连贯化的思维方式，从而提升用户体验，创造或提升产品与服务的附加价值。

---

①　PARK Y, GEUM Y, LEE H. Toward Integration of Products and Services：Taxonomy and Typology ［J］. Journal of Engineering and Technology Management，2012，29（4）：528-545.

三、总结

体验加入了时间维度和利益相关者维度，对象变得越来越复杂。在设计学领域，围绕服务设计有两种不同的研究视角，包括以可持续发展为目标的"产品服务系统"和聚焦于用户体验的互联网商业创新。[①] 服务设计的核心内容和最终产物包括行为与体验。体验设计是从设计的结果进行阐述，是使用户获得良好的用户体验。服务设计最初发端于管理学，在设计等学科加入后，设计对象由最初的服务拓展为产品、服务、环境、交互等复杂系统。体验设计与服务设计一直你中有我，我中有你，将设计思考的中心从物的客观性转变为人的主观性是相通的。尼格尔·克罗斯（Nigel Cross，2006）认为，设计在信息时代更接近一种对话方式，是一个整合多学科的应用领域。体验设计与服务设计都将综合考虑品牌、体验、用户各相关要素，考虑包含交互设计、人才策略、供应链管理、商业模式、市场策略等因素，从输入输出端点的优化，变成过程链路的优化，体现了设计在智能制造新时期新模态下以新的理念和方法参与社会生活。

本书中所述体验更多地从产品服务设计角度，从设计与用户本身提出改善服务与体验，但限于专业背景，较少从管理视角进行宏观分析。由此，本书中涉及的内容更贴合 2020 年发布的《服务设计人才和机构评定体系》DML 分级服务设计教育标准体系中的服务设计，更多阐述的是设计思维、方法与工具等内容。

---

① 辛向阳，王晰．服务设计中的共同创造和服务体验的不确定性［J］．装饰，2018（4）：74-76.

第二篇
体验与服务设计流程、因素、方法

以人为本的设计流程①

　　在过去的三十多年里，设计领域产生了大量的术语：以 6R 为中心的设计、交互设计、体验驱动设计、以体验为中心的设计、基于体验的设计、情感设计和移情设计等。这些都符合"以人为本的设计"的核心思想。20 世纪 80 年代末，兴起的以用户为中心的设计（User-Centered Design，简称 UCD）概念与方法，主张设计应该将焦点放在使用者，依据他们现有的心智模式（mental model）自然地接受新产品，而不是强迫使用者重新建立一套心智模式。② 这一方法的基本思想就是将用户时时刻刻摆在设计过程的首位。国际标准化组织（ISO）提出了流程指南，ISO-13407 交互系统的以人为中心的设计流程，强调系统开发过程中的用户参与。③ 与以用户为中心有关的国际标准与国内标准（见表 2-1）的出台体现了用户需求得到了普遍的重视。服务设计又将以用户为中心拓展为以利益相关者为中心，将以人为本拓展为以多人生态圈为本，使系统元素达到平衡，利益相关者利益共享。

---

① 本节主要内容发表于《上海电机学院学报》2008 年第 3 期，有修改。
② 诺曼. 设计心理学［M］. 梅琼，译. 北京：中信出版社，2003：194-195.
③ International Organization for Standardization. Human-centred Design Proce-sses for Inter-active Systems：ISO：13407：1999［S］. Geneva：International Organization for Stand-ardization，1999.

表 2-1   以用户为中心的有关国际标准与对应的国内标准

ISO 国际标准			对应的国家标准（翻译 ISO 国际标准）		
ISO 国际标准号	标准名字	页数	国家标准号	标准名字	页数
ISO-13407：1999	Human-Centered Design Process	26	GB/T 18976-2003	以人为中心的交互系统设计过程	26
ISO/TR-16982：2002	Ergonomics of human-system interaction – Usability methods supporting human-centered design	44	GB/T 21051-2007	人-系统交互工效学支持以人为中心设计的可用性方法	39

一、以人为本的体验与服务设计流程

英国设计协会归纳出服务设计流程是双钻模型（double diamond model），在"探索、定义、发展、发布"（discover、define、develop、deliver）过程中，不断回头看看，对标目标，进行测试迭代，整个过程出现"发散—聚焦"两次往复过程。与此类似的有斯坦福大学的"同理心—定义—创意—原型—测试"（empathize-define-ideate-prototype-test）方法、iedo 的"灵感—构思—执行"（inspiration-ideation-implemention）3I 设计创新方法等。这些设计流程的基本思想是相通的，它始于人之渴望、需求，是对更高层次的人性因素和行为的关注，不仅以人为中心，还是一种全面的、以人为目的、以人为根本的思维。设计思维依赖于人的各种能力：直觉能力、辨别模式能力，构建出既具功能性又能体现情感意义的创意能力，以及运用各种媒介而非文字或符号表达自己的能力。笔者这里将整个流程分为四个步骤：（1）发现需求；（2）定义问题；（3）发展方案；（4）测试迭代与发布。

（一）发现需求

"以人为本"的设计观念使设计师开始把更多的目光从产品转移到产品的最终使用者与相关利益者上。由于产品的使用者与设计者不在同一个时空里，所以设计的实质是实现产品使用者与产品设计者之间的人与人的适时"在场"交流。美国 IDEO 公司服务创新部的领导人马克·琼斯（Mark Jones）说，设计过程始于人们对产品使用背景的了解，始于对用户体验的观察，这种观察是通过走进这个领域去观察用户，始于他们与产品进行互动。设计不要急于开始，要先了解用户。

识别和理解目标用户是开始设计的第一步，发现一些潜在用户，了解用户需要什么，想做什么，知道什么之类具体而非抽象的问题。我们要对使用者进行微观和宏观的研究，前者主要是对使用者的更深入探索，后者则是以使用者所处的大环境为主，了解未来情境。① 用户研究的目的在于激发设计团队并让他们聚焦在某些关键点上，在时间和预算有限时，重点应放在最大限度地收集广泛的用户需求，了解全部潜在的设计需求。设计师可以与用户交流，观察用户工作，将用户工作录像，使用户在工作时边想边说，有条件的话开设设计工作坊，召集与产品或服务有关的相关利益者。通过观察、访谈、问卷等定性、定量相结合的方法，了解用户执行任务的过程，了解产品和服务的相关利益者最深层次的想法与意见。对服务设计而言，除了了解人与物之间的关系，还要了解人与人之间、人与组织之间、不同组织之间的价值和关系的本质。

设计师需要了解业务所在的行业生态与发展趋势，包括消费趋势、生活方式趋势、文化趋势、科技发展趋势。在筛选时，优先选择行业头部产品、有话题性的产品和大公司出品的产品，从直接竞品、间接竞品

---

① 夏敏燕. 剧本导引设计：产品与服务设计新法 [J]. 发明与创新，2004（9）：19.

（可关联竞品）及潜在竞品三个层面来进行①。可以采用 PEST（政治 politics、经济 economic、社会 social、技术 technology）、基于 PEST 的衍生方法（SLEPT、PESTLE 等，增加了法律 legal、环境 environmental 因素）进行行业生态与趋势的分析。

（二）定义问题

思考目标群体是哪些用户，了解目标用户的群体特征，将用户的行为特征和心理诉求沉淀成通俗易懂的用户模型，作为产品和设计决策的指引。我们可以通过用户同理心地图、服务价值主张、用户旅程图等发现许多改善点及创新契机点。将需要改善和创新的点加入评估与筛选机制，考量执行的有效性、可行性以及员工契合性，从而决定业务及推动创新体验功能的优先顺序。

完成用户模型定义后，需要定义和分析用户将履行的任务，寻找与任务相关的用户心智和概念模型。心智模型体现了任务场景，定义了任务包含的具体内容和用户的期望、任务之间的组织关系和与其适应的工作流。对观测结果进行分析，并总结出几个主要的设计主题。通常用视觉化的形式（视频、图画、剧本等）来展示给设计团队，以便突出重点，让他们有思考的基础。西莫·萨德（Simo Sade，1996）认为剧本是设计程序中最紧密结合用户、情境和设计物品的设计表现形式。通过创建一个人物角色，构建一个剧本或故事，将调查的分散性资料重新关联，将信息简化为可管理的形式。剧本或故事可以是人与产品和人与服务交互过程中的麻烦的片段、期待的片段，从而使设计师将用户始终放在心里，使产品和服务朝更为人性化的方向发展。在大数据时代，老用户、新用户也可以不同对待，他们的麻烦与期待也不相同。如 APP 的设计中，细分用户个性化需求，老客千人千面，新客主推热门信息，以

---

① 腾讯公司用户研究与体验设计部. 在你身边为你设计：III：腾讯服务设计思维与实战［M］. 北京：电子工业出版社，2020：31-32.

提升内容精准度。

任务分析既为设计决策提供依据，也为系统实现后的评估提供依据。它是一种经验性的方法，利用它能产生一个完整、明确的任务模型，使设计者明确系统应完成的用户任务和目标，以及系统是怎样支持用户去完成这些任务和目标的。[①]　比如，美团外卖 APP 在进行优化时，进行何时何地使用的场景归纳。是工作日自己单点、工作日拼单，还是周末宅家或者因为天气选择外卖？在清晰的任务分析后，明确设计方向与定位，这也是后期设计方案检验的文本。

（三）发展方案

在完成用户目标、任务分析、设计定位之后，采用在集体和合作的背景下进行共创的方式，发掘潜力、发挥自由的创造力，使用这些关于任务及其流程的信息创造出更多令人兴奋和充满活力的解决方案。

对提出的各种解决方案针对设计目标进行初步筛选后，根据产出的不同，可以制作不同类型的原型，包括产品原型、数字化原型与服务原型，探索各种可能。产品原型是有形的，是看得见摸得着的，可以采用草图、乐高、硬纸板、计算机模型、3D 打印等方式。数字化原型可以用手绘的方式画出流程图，也可以用墨刀、Axure 等软件做出高保真界面，或者视频模拟操作过程。服务原型是无形的，可以通过橡皮泥、手绘场景等搭建出服务的场景，可以使用纯文本、故事板或视频来呈现，也可以真人演绎故事。

对实体产品而言，先绘制草图，依据设计定义（目标）评判方案，选择最优解，进而发展成产品原型，制作"低保真原型"。低保真原型使用简单、易于操作和修改的材料，如纸张、纸板等，有时甚至可以用乐高来搭建模型。低保真模型适用于开发初期，应考虑到设计标准来架构

---

① 程景云，倪亦泉，等 . 人机界面设计与开发工具 [M]. 北京：电子工业出版社，1994：63.

技术框架。高保真原型的实例包括计算机辅助设计、实物形式的精密模型或者具有某种程度交互功能的工作模型，适合在产品开发中后期使用。

原型是很好的测试设计的方法，它能够帮助检验设计在多大程度上契合用户的操作。例如，可以用故事板、剧本等可视化手段配合展现用户使用产品的过程，也可以使用原型工具来模拟过程，以此说明产品是如何运行的。通过讲述用户对产品的期待和使用产品遇到的麻烦等来获得对产品设计的重新认识。透过"角色—环境—任务"的互动，充分考虑到人机交互使用细节，同时以有趣的故事线索和时间线串联整个故事。"……生活中的一天"是想象一种新产品可能适合自然生活方式和潜在用户态度的常见方式。与定义问题阶段不同的是，发展方案阶段使用的故事脚本往往是正向的，是面对麻烦运用产品来解决问题。

（四）测试迭代与发布

史蒂芬·列维（Steven Levy）在 *Insanely Great：The Life and Times of Macintosh, the Computer that Changed Everything*（《疯狂的伟大：有改变了一切的苹果电脑的生活与时代》）一书中说，乍一看到某个问题，你会觉得很简单，其实你并没有了解其复杂性。当你把问题搞清楚之后，又会发现真的很复杂，于是你就拿出一套复杂的方案来。实际上，你的工作只做了一半，大多数人也都会到此为止……但是，真正伟大的人还会继续向前，直至找到问题的关键和深层次原因，然后拿出一个优雅的、堪称完美的有效方案。Google 设计公司的产品总监卢克·洛伯斯基（Luke Wroblewski）所说的：你的第一个设计看起来可能很像那么回事，但那通常只是对你想要解决的问题的初步定义。一个成功的产品不可能一蹴而就，离不开不断地尝试、测试与迭代。产品/服务是否好用、易用，是否让人心存喜欢，都必须经过评价和测试，甚至多次反复测试迭代。通过向用户、专家展示基于前面的工作所建立的产品原型以获得他们的看法，通过关注对终端用户的测试，尤其是面向的用户群非常广泛时，采用用户测试以获得更为全面的反馈。不过，如果由于保密无法进行用户测试，采纳专家意见也是不错的。在预算有限时，结合专家意见和小部分不同用户的测试也可以降低成本。

初期用户测试阶段针对的是低保真原型。在产品修改阶段，可以采用中保真原型，聚焦于完善和测试产品及服务细节。在项目落地和最终产品测试与确定阶段，一般会采用高保真原型。通过观察、倾听并录制下用户使用原型执行特定任务时的过程与反应，看是否与设计定义一致。同时应注意把范围限定在关键领域，着重对设计阶段重点分析的任务的检验，对参与者的指导必须清晰而全面，但不能解释所要测试的内容。测试没有用过产品的用户以获得新的看法，并向他们承诺研究的保密性，告诉他们是在帮助改进产品而不是在测试评估他们，控制交流的气氛，让用户尽可能自在。

可以使用测试记录获得的信息来分析设计，进而修正和优化原型。当有了第二个原型之后，就可以开始第二轮测试来检验设计改变之后的可用性。随着原型的发展，产品的细节设计不断加入，在易学性和易用性之间达到一种平衡，在造型、色彩、材质等方面进行深入。这些原型能让用户提出对整体上是否满足用户的需要以及反馈它的可操作性。可以不断地重复这个迭代的过程，直到满意，进而形成最终的方案并实施。在通过最终测试后，产品或服务获得批准并对外发布。对于实体产品或者数字系统发布，要通过说故事、讲情怀来打动消费者。对于服务，则不可避免需要按顺序实施，通过服务蓝图等方法阐明这些流程的标准顺序。

二、结语

在体验与服务设计中应用以人为本的设计方法可以更好地满足用户与相关利益者的需求。本文提出的体验与服务设计的以人为本的设计流程更多是结合设计思维的过程，一方面关注用户将提升产品和服务的竞争力，让用户觉得得到真正需要且有价值的产品或服务，另一方面关注用户面对的问题，有利于产生新的解决方案。也有一些学者从系统整合的角度、从系统元素的角度分析产品服务系统的设计。如阿朗索·瑞斯高德（Alonso－Rasgado）等①提出的全护理产品（Total Care Product，TCP）将产品服务系统分为基础构成（实体产品和服务）和商业模式（市场、合伙人、商业链和营销）两部分。其流程可分为以下 5 个阶段：建立服务系统基础概念、明确子系统、整合子系统服务、建立服务系统模型、测试与迭代优化。莫桑（Maussang）等②将实体产品服务单元作为产品服务系统的基本元素，主要元素确定后，即采用操作场景对系统进行更深入的描述。不管怎样，这些流程与方法在前期分析时强调服务系统/元素，从整体到局部进行分析，但都能以用户或利益相关者需求为导向。用户对使用体验的肯定造就了用户的忠诚度及公司名誉。在设计流程最初阶段，产品与服务策略应当以满足用户的需求为基本动机和最终目的；在其后的设计开发过程中，对用户的研究和理解应当被作为各种决策的依据；在各个阶段的评估信息也应当来源于用户的反馈。整个过程中兼顾除用户之外的主要利益相关者，从而使系统各元素充分发挥其优势，达到系统最优解。

①　ALONSO－RASGADO T, THOMPSON G, ELFSTRM B O. The Design of Functional (Total Care) Products ［J］. Journal of Engineering Design, 2004, 15（6）: 515-540.

②　MAUSSANG N, ZWOLINSKI P, BRISSAUD D. Product－Service System Design Methodology: From the PSS Architecture Design to the Products Specifications ［J］. Journal of Engineering Design, 2009, 20（4）: 349-366.

体验的构成因素

美国学者赫伯特·A. 西蒙（Herbert A. Simon）提出：设计是人工物的内部环境（人工物自身的物质和组织）和外部环境（人工物的工作或使用环境）的结合。[①] 所以设计是把握人工物内部环境与外部环境接合的学科，这种结合是围绕人来进行的。作为体验对象的或有形或无形的物质，包含着对象实体、环境及信息的综合体，它带给人的不仅有使用的功能、材料的质地，也包含着对传统思考、文化理念、科学观念等的认知。

派恩和吉尔摩在《体验经济》一书中建议体验策划者遵循一份主要的待办事项清单，这份建议确实会产生有效的体验，但他们并没有详细解释这是如何实现的；他们既不能解释体验是如何被创造出来的，也不能解释在体验中发生了什么。体验似乎是作为一种或多或少的对设计的自动反应而出现的。但一直有学者对推动产生体验的因素进行分析。系统工程常采用结构主义（structuralism）作为研究方法，以理解大型系统的涌现特征。结构主义作为科学方法论也影响了设计研究，试图发展合理的方法来理解复杂、不明确的设计问题，常从定性角度分析主题性质。体验作为一种复杂系统，不少学者也从结构主义角度分析体验的

---

① 赫伯特·A. 西蒙. 关于人为事物的科学 [M]. 杨砾，译. 北京：解放军出版社，1985.

构成因素。目前用户体验的构成因素有三种比较有代表性的理论：情景体验理论、用户参与理论、最佳体验理论。[①] 情景体验理论是从体验的环境角度进行区分的，包括现实环境下的直接体验与虚拟环境下的间接体验。用户参与理论指出用户体验包括美学、可用性、情感、注意力、挑战、反馈、动机、感知可执行以及感官吸引度等。最佳体验理论指出用户体验研究属性包括可用性、用户技能、挑战、注意力、愉悦性、唤醒度及临场感等。这些体验构成理论思考角度不尽相同。凡耶斯（Vyas）和凡（Van）2015 年提出的 APEC（美学 aesthetic、实践 practical、情绪 emotional、认知 cognitive）设计框架，强调行为和反馈之间的耦合带来用户与产品交互的预期意义，包括系统在功能、交互和外观方面的有形属性和用户体验在美学、认知、情感和实践方面的无形属性。[②] 哈森扎赫（Hassenzahl，2004）将人们对产品的使用体验分为两个部分：实效价值（pragmatic value）和享乐价值（hedonic value）。[③] 实效价值使人们能有效地、高效地达成行为目标，对应传统的功能性和可用性设计。享乐价值使人们能表达个性价值，更多地对应情感化设计。

笔者在将用户体验构成分为实用性和享乐性两种方式的基础上，考虑不同类别产品对实用性与美观度的侧重点不同，考虑用户体验是情境化的、过程性的，认为体验的构成因素分为三部分：可用性、美感、情绪/情感。其中可用性与美感是重要组成因素，情绪/情感像是调节剂的因素，使用户体验更侧重于可用性或美感。

---

① 丁一，郭伏，胡名彩，等. 用户体验国内外研究综述［J］. 工业工程与管理，2014，19（4）：92-97，114.

② VYAS D，VEER G C V D. APEC：A Framework for Designing Experience［J］. Spaces，Places & Experience in HCI，2005：1-4.

③ HASSENZAHL M. The Interplay of Beauty，Goodness，and Usability in Interactive Products［J］. Human-Computer Interaction，2004（19）：319-349.

图 2-1 体验的构成因素

一、可用性

体验设计、服务设计中，接触点是存在于用户和服务系统之间的核心要素，通过时间、使用情境、行为、心理等维度帮助建立起用户和系统之间的体验链。产品或服务系统在完成设计投入市场之前，必须进行严格的测试与评价。可用性是早期交互式 IT 产品的重要质量指标，指产品对用户来说有效、易学、高效、好记、少错和令人满意的程度，是从用户角度所体验到的产品质量，是产品竞争力的核心。在 ISO 9241－11：1998 标准中，可用性被定义为：某一特定用户在特定的任务场景下使用某一产品能够有效地、高效地、满意地达成特定目标的程度。[①] 在大量的早期研究（Nielsen，1993[②]；Norman，1990[③]）中，用户体验集中在可用性研究方面。以用户为中心的友好界面应该首先向用户传达系统拥有哪些功能并考虑提高系统的有用性设计，其次再考虑易用性设计。[④] 雅各布·尼尔森（Jakob Nielsen）总结归纳的五维可用性质量标准（可学习性 learnability、效率 efficiency、可记忆性 memorability、出错

---

① International Standards Organization. Ergonomic Requirements for Office Work with Visual Display Terminals：Part 11：Guidance on Usability：ISO 9241－11：1998 ［S］. Switzerland，1998：2.

② NIELSEN J. Usability Engineering ［M］. San Francisco：Morgan Kaufmann Publishers Inc，1993.

③ NORMAN D A. Design of Everyday Things ［M］. New York：Doubleday，1990.

④ 张宁，刘正捷. 自助服务终端界面交互设计研究 ［J］. 计算机科学，2012，39（6）：16-20.

率 errors、满意度 satisfaction）①，艾伦·库伯（Alan Cooper）等总结归纳的优秀交互设计原则与模式②，为系统的可用性提供了可靠模式，对用户体验感受形成起着关键作用。史蒂芬·P. 安德森（Stephen P. Anderson）在他的《怦然心动——情感化交互设计指南》一书中提出了"用户体验的需求等级模型"，认为大多数技术产品和服务的体验都要经历"实用—可靠—可用—易用—令人愉悦—意义深远"六个成熟等级。③ 彼得·莫维尔（Peter Morville，1998）基于互联网环境提出了用户体验蜂巢模型（图 2-2），包括有用性（useful）、可用性（usable）、可寻性（findable）、可靠性（credible）、可及性（accessible）、合意性（desirable）、价值（valuable），前五个因素都是从可用、好用、易用的角度提出的，而后两个因素则从用户评价与产品意义角度阐述，进一步考虑了人的需求层级。可用性曾一度被认为是用户体验的核心部分，是具有直接否定权的关键因素。好的可用性意味着较少的不良使用感受，而好的用户体验则是使用户感到愉悦和满足。可用性因素体现了产品功能性界面的设计要求，如何操纵与控制产品，同时也包括与生产的接口，即材料运用、科学技术的应用等，反映着设计与人造物的协调关系。

① NIELSEN J. Usability Engineering [M]. San Francisco：Morgan Kaufmann Publishers Inc，1993.

② COOPER A，REIMANN R，CRONIN D. About Face 3：交互设计精髓 [M]. 刘松涛，等译. 北京：电子工业出版社，2012.

③ ANDERSON S P. 怦然心动：情感化交互设计指南 [M]. 侯景艳，胡冠琦，徐磊，译. 北京：人民邮电出版社，2012：11-13.

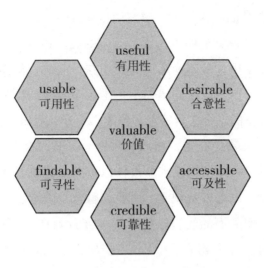

图 2-2　用户体验蜂巢模型

二、美感

体验的第二个重要构成因素是美感。美感不是审美，美感是接触到美的事物的一种感受，是一种赏心悦目、怡情悦性的心理感受。而审美更是对美的评价与判断，既是一种历史、地理、人文等综合知识的沉淀，又是受客观世界的不断发展变化的影响而在潜意识中逐渐建立起来的一种抽象的思维模式。在"颜值即正义"的时代，产品的美度是留给消费者好的第一印象的重要因素。继体验经济流行之后，多克·希尔斯（Doc Searls）提出了意愿经济，进一步强调消费者在消费前的用户洞察、消费意愿，关注消费者的"起意时刻"①。美观的产品利于形成

① 希尔斯. 意愿经济：大数据重构消费者主权［M］. 李小玉，高美，译. 北京：电子工业出版社，2016：推荐序 XII.

产品识别度，提升品牌接受度，激发用户购买意图。①②

　　美感不仅仅是视觉上的美，更是五感的美。感觉、知觉是交流和延伸的点，在感知觉中，身体和意识是交织在一起的，从而感知与体验联系在一起，对体验产生影响。感知不再定位于身体的物质世界，体验是物质、认知和情感的融合，是感官、身体、中介、意识之间能量的流动。感知觉具有指向某物的能力，在活动中融合并连续传播。体验是感觉、意识、身体和世界的移动交会点。人体以五感去感知、接触世界，产品与服务的体验设计也可以从视觉、听觉、触觉、嗅觉、味觉的角度进行优化，达到人生理层面的愉悦。詹姆斯·吉布森在 *The Perception of the Visual World*（《感知视觉世界》）③ 中指出，近距离看到的"皮肤"与远距离看到的"面孔"都是肌理，从一个肌理过渡到另一个，存在的是光滑的梯度，累加起来的感知层构成他所说的"嵌套"关系，在生理心理学里，这些环节并不会被看作独立划分的单元，而是被视为没有边界的表面布局。

　　在库罗苏（Kurosu，1995）和卡西姆（Kashimur，1995）④ 对美感的作用进行的研究中，发现"看起来是否好用"变得更重要，美感与主观可用性呈正向强相关（$r = 0.589$），而主观可用性与客观可用性却弱相关，从而验证了美感在主观体验上的决定作用，引起了学者们对美观的重要性的思索。大量研究都支持了这一观点，如崔克廷斯基（Tract-

① HSIAO K L, CHEN C C. What Drives Smartwatch Purchase Intention? Perspectives from Hardware, Software, Design, and Value [J]. Telematics Inf, 2018, 35 (1)：103-113.
② TOUFANI S, STANTON J P, CHIKWECHE T. The Importance of Aesthetics on Customers' Intentions to Purchase Smartphones [J]. Marketing Intelligence & Planning, 2017, 35 (3)：316-338.
③ GIBSON J J, GARMICHAEL L. The Perception of the Visual World [M]. Boston：Houghton Mifflin, 1950.
④ KUROSU M, KASHIMURA K. Apparent Usability vs. Inherent usability [C] //KATZ I, MACK R, MARKS L. CHI ' 95：Conference Companion, Conference on Human Factors in Computing Systems. New York：ACM, 1995：292-293.

insky, 1997) 将被试扩展到不同文化背景下的用户群体, 结论表明, 尽管希伯来民族和日本民族在认知习惯和审美标准上存在很大差别, 但是用户对美感的评估依然对可用性的主观体验起着决定作用。① 感到安全与产品的高可用性或高可靠性相关联, 自豪感与高品质美感相关联。哈森扎赫 (Hassenzahl, 2006) 和崔克廷斯基 (Tractinsky, 2006) 构建的用户体验模型②提出了超工具性, 将美学和享乐纳入传统的人机交互体验维度, 突破了仅仅关注产品工具性价值的思维壁垒。但哈森扎赫 (Hassenzahl, 2004)③、林德加德 (Lindgaard, 2003) 和杜德克 (Dudek, 2003)④ 认为正向的美观感受不见得带来可用性高的评价。尽管这样的声音并不多, 但这些看似矛盾的结果表明应更仔细更全面地剖析用户体验过程与影响因素, 包括实验时的主客观因素、实验环境等, 严控额外变量。

三、情绪/情感

情绪和情感也会影响到用户体验。英语中情绪和情感都可以用 emotion 来表达, 但个人认为两者间还存在一定的差别。情绪, 是对一系列主观认知经验的通称, 喜、怒、哀、乐、惧等, 这种体验是人对客观事物的一种即时性的态度。而情感是一种较复杂而又稳定的感受与评价, 如喜好、厌恶、无感等。情感具有三种成分: (1) 主观体验, 即个体对不同情感状态的自我感受; (2) 外部表现, 即表情, 在情感状

① TRACTINSKY N. Aesthetics and Apparent Usability: Empirically Assessing Cultural and Methodological Issues [C] //PEMBERTON S. Proceedings of the CHI' 97. New York: ACM, 1997: 115-122.

② HASSENZAHL M, TRACTINSKY N. User Experience: A Research Agenda [J]. Behaviour & Information Technology, 2006, 25 (2): 91-97.

③ HASSENZAHL M. The Interplay of Beauty, Goodness, and Usability in Interactive Products [J]. Human-Computer Interaction, 2004, 19: 319-349.

④ LINDGAARD G, DUDEK C. What is This Evasive Beast We Call User Satisfaction? [J]. Interaction Computing, 2003, 15 (3): 429-452.

态发生时身体各部分的动作量化形式；（3）生理唤醒，即情感产生的生理反应，是一种生理的激活水平，具有不同的反应模式。在诺曼的经典之作《情感化设计》中，将设计分为三种水平：本能的、行为的和反思的。[①] 诺曼同意设计师可以通过情感来迎合用户的需求和欲望，他认为情感反应可以被设计成引发特定反应，特定的属性可以产生积极的效果。

　　情绪和情感在体验中可以分为体验前、体验中、体验后的情绪和情感。用户对产品的预期情感可能影响体验。"金杯、银杯，不如众人的口碑"，在用户接触产品前，通过亲友、点评网、网红等渠道获知的对产品的认知与预期，可能会影响到用户对产品的体验与评价。在对产品预期高时，若未能达到心理预期时，反而体验可能会更差。但若达到用户预期时，体验感受会更佳。在信息化时代，体验感受往往会以指数级增长，好的体验一传十、十传百，加快产品与品牌的传播，而有糟糕用户体验的用户会与十多个人分享此经历，89%的用户会因为糟糕的体验而转变使用竞争对手的产品，从而加速产品与品牌的消亡。同时，用户本身的诉求也影响着用户对产品的体验。用户诉求是指在体验过程中产品给用户带来一定的价值获取感，如享乐性、身份象征、纪念性、自我提升等。哈森扎赫（Hassenzahl，2010）总结了用户10种心理需求，主要强调产品给用户带来的心理满足。[②] 帕塔拉（Partala，2012）和卡利宁（Kallinen，2012）从情感、心理需求和交互环境几方面将最满意用户体验和最不满意用户体验做了对比，指出用户心理需求中自主性、竞争力和自尊对最满意用户体验的影响最为突出。[③] 加拿大人类学家李奥

---

① 诺曼. 情感化设计 [M]. 付秋芳，程进三，译. 北京：电子工业出版社，2007：5-8.

② HASSENZAHL M, DIEFENBACH S, GORITZ A. Needs, Affect, and Interactive Products——Facets of User Experience [J]. Interacting with Computers, 2010, 22（5）：353-362.

③ PARTALA T, KALLINEN A. Understanding the Most Satisfying and Unsatisfying User Experiences: Emotions, Psychological Needs, and Context [J]. Interacting with Computers, 2012, 24（1）：25-34.

纳·泰格（Lionel Tiger）在 *The pursuit of pleasure*（《追求愉悦》）一书中，将愉悦类型分为四个部分：生理愉悦（physio-pleasure）、社会愉悦（socio-pleasure）、精神愉悦（psycho-pleasure）、理念愉悦（ideo-pleasure）。[①] 除了来自感官、身体的愉悦外，还包括与社会他人的关系、自我认知的愉悦，甚至价值观的愉悦。

张成忠和杨锦重（2009）的研究指出，人们在愉悦心境下更能容忍设计中的问题，更愿意探索产品中的新功能，并倾向于对设计做出正面评价。[②] 例如，Mini Cooper 汽车的可爱造型外形让人会心一笑，车空间小等缺点便可被容忍甚至忽略。而在焦虑时，人们会更加容易注意甚至纠结于产品设计中存在的问题。

美好的视觉感受，美妙的音乐享受，难忘的记忆回想，等等，可能会让用户在体验时产生愉悦的心境，从而形成美好的体验感受。这一层面体现了产品的情感性需求，要传递感受给人，取得与人的情感共鸣。情感把握在于深入目标对象的使用者的感情，而不是个人的情感抒发。

四、相互关系

用户在使用产品或接受服务时，可用性、美感、情绪/情感交织在一起，相互影响，相互作用，共同形成用户的体验。用户的生理感知与情感共鸣联结在一起，从认知到知觉、从五感到思维，从而创造令人满意的体验。一件作品不仅仅是二维或三维的立体，更是情感与思维认识的演变。可用性可被视作为产品精神愉悦有关的属性。难用的产品可能导致不开心的情绪反应，如恼怒、挫伤或压力。由此，可用的产品可被视作满足了一个愉悦需求。用户使用产品的安全和效率直接关系到产品的可用性评价，使用的舒适、精神愉悦和高级情感反应直接关系到产品

---

① TIGER L. The Pursuit of Pleasure [M]. New York：Transaction Publisher, 2000.

② 张成忠，杨锦重．产品设计的情感因素研究 [J]．企业技术开发（学术版），2009，28（6）：134，138.

的体验评价。① 用户对产品可用性的重视程度视产品类型而定。以整体满意度为例：在有明确任务目标的场景下，可用性与产品的满意度呈强相关（$r=0.87$）；而在以娱乐为目的的场景下，满意度与产品的可用性则呈弱相关（$r=0.10$）。② 究其原因，可用性通过减少可用性问题以提高满意度，而用户体验从根本上是让用户在追求愉悦、享受的感受时体验到满意。③ 由此可见，用户对功能性产品的预期是达成功能，可用性要求就高，天平就往可用性方向倾斜，对娱乐性产品的预期是享乐，美感、价值层面就高，天平就往美感方向倾斜。

可用的产品就像一个人的骨骼、肌肉一样，至于脸面这个界面的协调，还需正确运用社会学和心理学，从而使产品能够有血有肉地展示出来。产品在满足基本功能、可用性基础上，必须能传达产品的个性特征和精神内涵。而这也是最能发挥造型中形态语言感性魅力的领域，实现"传情"的功能。好的设计不应只停留在产品表面，还应倾听用户隐藏的电流，识别物体未知的欲求，唤起用户无意识的使用需求，留出个人思考空间。

基于认知神经科学的视觉审美加工过程研究中也涉及了可用性、美感与情绪/情感的关系与相互影响。查特吉（Chatterjee）和瓦塔尼安（Vartanian）④⑤ 基于大量神经美学实证研究和前人提出的视觉审美模型基础，进一步提出了审美三要素模型。该模型认为：大脑中不同的脑区

---

① 郭会娟，汪海波. User-centered 产品人机交互界面的设计探析 [J]. 吉林师范大学学报（自然科学版），2012，33（3）：20-23.

② HASSENZAHL M. The Interplay of Beauty, Goodness, and Usability in Interactive Products [J]. Human-Computer Interaction, 2004, 19：319-349.

③ TRACTINSKY N, HASSENZAHL M. Arguing for Aesthetics in Human - Computer Interaction [J]. i-com, 2005, 4（3）：66-68.

④ CHATTERJEE A, VARTANIAN O. Neuroaesthetics [J]. Trends Cogn Sci, 2014, 18（7）：370-375.

⑤ CHATTERJEE A, VARTANIAN O. Neuroscience of Aesthetics [J]. Ann N Y Acad Sci, 2016, 1369（1）：172-194.

分别负责不同的功能，感知运动（sensory-motor）、情绪效价（emotion-valuation）和知识意义（knowledge-meaning）这三个不同神经环路相互作用产生审美体验。个体感知到审美对象，或直觉反应，或提取大脑中过去的使用、情绪体验与相关知识背景，或综合认知加工，产生情绪与情感，并存储于大脑中。赫尔穆特·莱德（Helmut Leder，2014）和马科斯·纳达尔（Marcos Nadal，2014）[①] 将情感体验分为五个层次：知觉分析、记忆整合、显性分类、认知掌握和情感评价。刺激物的表现形式、复杂程度、对比度、对称性、有序性、聚类性影响着被试的知觉分析。艺术原型、表现形式、被试的熟悉程度对记忆整合起作用。显性分类基于刺激的内容与风格，被试的知识、兴趣、偏好以及对艺术与自我诠释的认知掌握也会影响显性分类。在选择性加工和激活记忆下，识别刺激物进行认知理解。在认知的掌握程度下，对刺激物产生情感体验，进一步进行情感评价。笔者总结了产品意象的审美加工模型，如图2-3所示。通过感知产品的外在特征，整合已有记忆的先验知识，形成对产品的认知，做出审美评价。产品意象作为激发美学情感的神经机制，通过该模型，体现了产品意象认知的层次结构，体现了产品意象评价可量化的可行性，建立刺激物与情感感知的联系。

五、总结

《体验思维》一书中认为近二十年来由先锋人群引领的大众价值更迭，经历了好用、好看、更好地解决问题、意义与关系四个阶段。[②] 这与本文指出的三个构成因素并不矛盾，随着品牌的升级，用户对产品的需求更为多元，用户体验不仅仅是简单的满意或失望，更是能唤起用户回忆与情感的体验，用户体验不仅仅是功能层面的有用、易用、好用，

---

① LEDER H, NADAL M. Ten Years of a Model of Aesthetic Appreciation and Aesthetic Judgments: The Aesthetic Episode – Developments and Challenges in Empirical Aesthetics [J]. Br. J. Psychol, 2014, 105（4）: 443-464.

② 黄峰，赖祖杰. 体验思维 [M]. 天津: 天津科学技术出版社, 2020: 5-8.

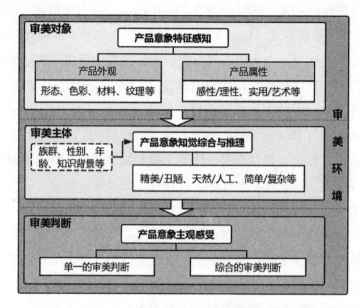

图 2-3　产品意象的审美加工模型

还是形色质层面的好看、耐看、可持续。产品价值的创造需要折射出"人、人性和人文"的光辉，驾驭和发明技术，延续"意义生产"。

用户与利益相关者分析与评价

体验设计需要洞察力，要能通过体察、感知用户在生活、工作中的一些感受，发现用户语言、行为底下的真正动机，从表象中感受到隐藏在背后的真实。越清楚人们所想所求，企业与设计师就越能创造令人满意、超出预期的体验。通过与真实核心人群的直接联系，了解市场与目标用户，企业获得可执行的洞察，保持先知先觉，提出合理设计的产品去满足用户的需求。服务设计中不仅仅考虑目标人群，还以满足广大利益相关者（stakeholder）的需求为核心，让利益相关者共同参与价值创造，更是增加了问题的复杂性。服务设计师不仅要考虑产品在全生命周期中的使用，还要在可持续的价值体系下考虑更多无形的、动态的因素及新价值的创造，从原来的单维的以用户为中心转变为以系统为中心，更注重系统整体的利益与发展。就"人—机—环境"系统中单从人的角度来讲的话，也转变为多维度的以"利益相关者"为中心，包括服务的接受者与提供者，将系统中涉及的人都涵盖在内。由此，在体验与服务设计中，找准合理的目标人群，评价利益相关者的地位，有利于有效合理地利用资金、资源，正确认识不同利益相关者的诉求。

一、用户类型与品牌定位策略

对于用户类型有不同的划分方法，按照使用频率来分的话，常见的用户类型有三种：专家型用户、随意型用户、主流用户。① 在《体验思维》一书中，黄峰等将用户人群进一步细分为：主流人群、先锋人群、种子人群、潜在人群、影响人群、追随人群、理想人群。② 随意型用户只是偶尔使用产品，一般不是品牌的主要销售人群，不是主要研究对象。主流用户占大部分，专家型用户则引领着潮流，这两类用户成为品牌的主要研究对象。公司与品牌根据自身发展阶段和战略目标，关注不同人群。如在现有产品基础上推出改善型产品时，更多关注主流用户；需要大幅创新时，则需要更多关注专家型用户，或者说先锋人群和种子人群。

不同类型用户对产品的需求各不相同。主流用户最感兴趣的是立即把工作做完，专家型用户则喜欢首先设定自己的偏好；主流用户认为容易操控最重要，害怕弄坏什么，专家型用户则在乎操控得是不是很精确，想要拆解一切刨根问底；主流用户想得到靠谱的结果，专家型用户则希望看到完美的结果；主流用户想看到容易理解的示例和故事，专家型用户想看的则是背后的原理。企业与品牌在为用户塑造理想体验时，需要转换视角，站在用户的角度从外而内洞察核心人群的真实需求，发现顾客"需要一匹更快的马"背后实际的"更快到达目的地"的本质需求，充分认同用户，从而与企业现有资源结合获得最优解。

二、利益相关者分析与评价

服务设计在营销中典型的"4Ps 营销组合理论"（产品 product、价格 price、促销 promotion、渠道 place）基础上，添加了参与者（partici-pant，涉及服务的人物演员）、流程（service process，程序、机制和活

---

① 科尔伯恩. 简约至上：交互式设计四策略［M］. 李松峰，秦绪文，译. 北京：人民邮电出版社，2011：64-176.

② 黄峰，赖祖杰. 体验思维［M］. 天津：天津科学技术出版社，2020：78-80.

动流程）以及物理实物（physical evidencc，物理环境和有形线索）①，
通过创新策略和流程，优化参与者接触过程中的相关接触点，提升体验
品质。这里面的参与者从单一的人转变为多维的利益相关者。体验设计
中也同样地注重利益相关者的诉求。利益相关者概念的提出，打破了传
统工业设计思维的"用户—企业"关系的概念，而是让用户企业之间、
用户之间、企业之间都建立了链接，从多维"利益相关者"的角度出
发，强调服务的质量，强调价值的创造，体现了服务设计系统交互的
特征。

（一）利益相关者类型

利益相关者，顾名思义，是从经济学中引出的概念，本指股东、债
权人等可能对公司的现金流量有要求权的人。1984 年，美国经济学家
弗里曼对"利益相关者"下了一个广泛的定义，即能够影响企业实现
目标，或者在企业实现目标的过程中被影响的任何个人和群体。② 一般
情况下包含用户/消费者、供应商、所有者/股东、雇员、竞争者、政府
部门、居民、社区等企业经营活动直接或间接影响的客体。

由于利益相关者概念宽泛，不同领域、不同事件中诉求不同，导致
分类依据、维度不同，利益相关者的分类结果也不尽相同。如惠乐
（Wheller et al.，1998）③ 从社会性、紧密性角度将利益相关者分为首要
社会性利益相关者、次要社会性利益相关者、首要非社会性利益相关
者、次要非社会性利益相关者。陈宏辉等（2004）④ 从主动性、重要

---

① BOOMS B，BITNER M J. Marketing Strategies and Organization Structures for Service
　　Firms［M］. New York：AMA Services，1981.
② 贾生华，陈宏辉. 利益相关者的界定方法述评［J］. 外国经济与管理，2002（5）：
　　13-18.
③ BARICHELLO L B，SIEWERT C E，WHEELER D，et al. Including the Stakeholders：The
　　Business Case［J］. Long Range Planning，1998，31（2）：201-210.
④ 陈宏辉，贾生华. 企业利益相关者三维分类的实证分析［J］. 经济研究，2004（4）：
　　80-90.

性、紧急性角度将利益相关者分为核心利益相关者、蛰伏利益相关者、边缘利益相关者。通过将利益相关者进行合理分类，更好地在复杂情境下分析和洞察各类利益相关者的立场及真实需求。

在服务设计语境下划分利益相关者的话，主要分为三种分类方式①：生产与消费关系、与组织的关系、对组织的重要程度。具体分类结果见表2-2。

表2-2　服务设计中利益相关者的分类

分类依据	分类结果	
生产与消费关系	服务提供者	生产者：股东、管理人员、服务人员、第三方供应商和商业伙伴
	服务接受者	消费者：顾客
与组织的关系	内部利益相关者	提供者：股东、管理人员、服务人员
	外部利益相关者	接受者：顾客 提供者：第三方供应商和商业伙伴 其他：社区、政府、媒体、竞争对手等
对组织的重要程度	首要利益相关者	内部：股东、管理人员、服务人员 外部：顾客、第三方供应商、重要合作伙伴
	次要利益相关者	外部：其他商业伙伴、社区、政府、媒体、竞争对手等

服务设计中的利益相关者涉及甚为广泛，具有复杂性、多元性特征，还具有可转换特性。利益相关者角色并非一成不变，有时角色转换后会有意想不到的效果。在服务系统中，可以采用角色转换与升级方式，赋予相关人员更多的权利与义务，激发角色的自主性。如韩国连续10年没有一起交通事故的出租车可获得"模范出租车"称号。模范出租车不仅司机开车水平过硬，还提供更为高质的服务，可以使用车载电

---

① 丁熊，杜俊霖．服务设计的基本原则：从用户为中心到以利益相关者为中心［J］.装饰，2020（3）：62-65.

话，车费也要比普通出租车贵。政府赋予模范出租车司机全新的职责，在交通拥堵的状况下，模范出租车司机可以辅助交警疏导交通。模范出租车司机拥有更好的收益，更加受到社会的尊敬。这一举措不但节约了社会资源，并且鼓励更多出租车司机安全驾驶。又如社会创新活动中利用创新思维激发民间力量与智慧，"自下而上"地解决或改善社会问题，这些自发自觉参与解决问题的居民既是内部利益相关者，又是外部利益相关者。

（二）利益相关者分析与评价

设计共创过程中需要协同多方利益相关者，让利益相关者更好地参与活动，从而避免角色冲突。然而，现实情况是没有资金、精力让大量利益相关者参与共创活动，即使有，也会增加共创的复杂性与不确定性。由此，在服务和体验设计中，尽可能找到涉及服务系统利益相关者，根据项目情况进行调整，确定这些利益相关者是否对实施这个服务而言是极为重要的。

利益相关者地图是将与特定服务相关的利益相关者和参与者以图形化的方式呈现，将关键人物连接起来，以厘清彼此的关系。在界定的领域内，连接所有相关人员的交互关系，包括使用者、服务提供者、其他合作单位等，或者发现之前不被重视的角色其实对其他角色有很大的影响力，经过不断地修正利益相关者地图，推断真正重要的组成角色。利益相关者地图制作中根据重要程度进行排序，先不考虑重要程度较低的利益相关者。可以通过十字分析法，进一步梳理分析利益相关者需求优先程度与重要程度，并讨论分析这些利益相关者之间的联系与相互作用，找出其中的机会点。由此，利益相关者地图是团队对利益相关者涉及各方人员、资源、地位、关系的直观呈现。其中重要程度的排序采用定性或定量的研究方法。目前，对服务设计中利益相关者的研究多偏向于定性研究。① 施思、贺孝梅②则提出了一种新的定性与定量相结合的评估方法，通过让服务体系中各个利益相关者互相评分，获得各个利益相关者的权重，结合权力—利益矩阵模型，建立权重矩阵图，从而直观体现出利益相关者在共创过程中的主次地位。

三、从"用户"到"利益相关者"的转变

体验与服务设计最基本的原则就是要以用户为中心，从用户体验的角度去审视整个服务系统，好的服务应该来源于用户需求，同时也应该超越用户需求，达到让用户感动的程度。体验与服务设计的价值与一种系统的改变相关联：从根植于过去的数据到通过理解人们需求、发现字里行间言外之意、聚焦于未来而发现的机会。虽然对用户的统计描述很重要，但是真正了解习惯、文化、社会背景和用户的动机也很关键。单纯的统计描述和对用户需求的经验性分析，无法真正了解用户。只有应用一些方法和工具让服务设计者很快站在用户的角度，了解他们的个人服务体验，以及这些体验的背景，才能获得真实的用户洞察。

服务设计需要注重全局的思考，不仅仅关注于"用户端"，同时也需要关注"组织端"。我们说的系统性不仅仅是指服务框架的系统性，也是指每个触点背后的系统性，每个接触点相关的前台与后台的工作，每个接触点背后所需要员工提供的服务，所涉及的渠道商，等等。比如，服务设计中对服务的整体架构进行设计，对各种资源进行整合，对各类利益相关者进行重组，实现效益的最大化。服务设计具有系统性，包含了众多不同的影响因素，因此服务设计具有全局性视角，需考虑系统中不同利益相关者的需求。从设计对象的角度来说，从"用户"到

---

① 毛强，郭亚军，郭英民. 基于利益相关者视角的评价者权重确定方法［J］. 系统工程与电子技术，2013，35（5）：1008-1012.

② 施思，贺孝梅. 服务设计中的利益相关者地位评价方法研究［J］. 包装工程，2020，41（16）：205-209.

"利益相关者"的转变是最基本的前提。从这个意义上讲，服务设计的基本原则不仅是以"用户"为中心，更是以"系统"为中心，以"利益相关者及其系统"为中心。由此服务设计师需要有更全局的视野、更综合的知识储备、更强大的协调能力和执行能力，对服务设计师来说，是挑战，也是机遇。

用户下意识地用不同的感官感知环境的意识对服务本身的体验有着深远的影响。服务设计中主要运用用户旅程图（customer journey map）和用户体验地图（user experience map），绘制出不同用户、不同利益相关者在不同场景下由感官体验引起的情绪变化过程，有助于从全局角度发现并疏通痛点，有助于在有形的、物理的产品或空间中达成无形的、吸引人的、有意义的体验。

四、总结

随着设计过程的逐步展开，在规划、界定范畴和定义阶段，确定关键人物至关重要，深入了解关键人物的认知模式和核心需求，可能会直接影响设计成果。了解关键人物及其他利益相关者之间的关系、地位、作用，找到存在的问题并分析潜在的改进机会，有利于应对问题或扩充服务时能更有效地配置资源，统筹安排。随着企业 VUCA（易变性、不定性、复杂性与模糊性）特征日益显著，从全局的利益相关者视角研究他们不同的需求，从"独创思维"转变为"共创思维"，有利于满足他们复杂的需求，达成企业的价值目标。

叙事设计

　　服务设计理念的运用是为了更好地向顾客推销产品，根据客户或参与者的需求来设计①，从而增加产品的隐形附加值，所以应按照从客户中来，到客户中去的理念来设计。体验设计也是一样，以用户为中心进行设计创新，应同时满足客户的显性需求（物质需求）与隐性需求（精神需求），需要建立在大量的定性与定量用户研究基础上，从功能、美观、经济等多个视角研究用户的需求。为了深刻地理解体验和它发生的生活世界，它不能被简单地观察，它必须被体验。"接近"或进入他人的自然生活世界对研究者来说是件很难完成的事，但在现象学和神经学理论的启发下，有很多实用的方法，结合具体的经验来进行研究。不同企业、研究机构、研究人员提出了各自的基于不同设计阶段的设计方法，如美国伊利诺伊理工大学维杰·库玛教授的企业创新 101 设计法、荷兰代尔夫特理工大学工业设计工程学院的设计方法、美国卡内基梅隆大学布鲁斯·汉宁顿和贝拉·马丁的 100 个设计方法、美国 IDEO 的 51 张创新方法卡片。② 尽管方法不尽相同，但始终围绕着人—物—环境各要素，将产品/服务/环境置于系统的整体语境中，全面考虑该产品系统

---

① PENG KL. Service Design for Intelligent Vending Machine ［J］. Humanities, Social Sciences and Global Business Management, 2014, （7）: 300-307.
② 许继峰，张寒凝. 产品设计程序与方法 ［M］. 北京：北京大学出版社，2017：57-62.

内所有相关要素间的关系①，建构在特定情景下的行为模型。这里的情景包括目标情景、物理情景、心理情景等②，从而有利于合理分析用户行为特征并定义需求模型，深化接触点的设计。对产品而言，产品的全部用户体验（total user experience）即用户和产品接触的全部过程，对用户的综合满意程度有非常重要的影响。全部用户体验包括从最初了解产品、具体研究、获得产品、安装使用，直到产品的各方面的服务和更新。这样的全过程情景，或者说情境，采用叙事的方式表达，有利于设计团队成员、甲方、上级等设身处地地理解产品或服务。

一、叙事设计的研究现状

情境行为（萨奇曼 Suchman，2007③）和活动理论（纳迪 Nardi，1996④；库迪 Kuutti，1996⑤）不仅关注到人工制品之间的关系，还特别关注境况、语境和动机。心理学和设计文献都曾探讨过体验被描述、记忆和叙述为故事，以至于如果不讲述一个故事，就几乎不可能谈论一种体验或互动。叙事理论的研究领域也从文学的文本分析拓展到对叙事的更广泛的解释上。

"叙述"一词已被广泛用于各种媒介，从视频游戏到身临其境的互动环境。现实生活中的经历，或者说对这些经历的叙述或记忆，也被描述为具有叙述性质。叙事具有标量性质，一个事件或经历可以被看作

---

① 赵超. 构建基于患者体验的健康产品-环境-服务设计创新 [J]. 装饰，2016（3）：12-18.

② 袁晓芳，吴瑜. 可持续背景下产品服务系统设计框架研究 [J]. 包装工程，2016，37（16）：91-94.

③ SUCHMAN L, SUCHMAN L A. Human-Machine Reconfigurations：Plans and Situated Actions [M]. Cambridge：Cambridge University Press，2007.

④ NARD I, BONNIE A. Context and Consciousness：Activity Theory and Human-Computer Interaction [M]. Cambridge：MIT Press，1996.

⑤ KUUTTI K. Activity Theory as a Potential Framework for Human-Computer Interaction Research [J]. Context and Consciousness：Activity Theory and Human-Computer Interaction，1995（5）：17-44.

"或多或少类似于原型故事"，具有或多或少的叙事性。叙事性设计的兴起是与后现代主义思潮密切相关的，借用语言学中的很多成果，设计中的视觉符号也成为一种特殊的语言。充分调动空间手段、材料语言、构造形式、特殊的视觉符号，乃至于声音、气味等多种手法①，在不同社会语境和历史经验作用下，塑造渲染情境与氛围。叙事设计在不少领域中受到了关注。在服务设计领域采用叙事的形式传递服务的信息，以故事、角色的代入帮助用户理解、融入，提升体验。比如，通过对叙事医学（narrative-based medicine）理论范式的建设与推广，医务人员对患者故事进行解读和反思，将患者置于主体地位，把患者的体验经历加入诊疗过程中，从而发挥患者在诊疗中的主观能动性②，健康医疗设计的服务也更为人性化、全局化。比如，根据用于自传叙事连贯性分析的巴克雷模型，提出特色小镇服务的叙述约束与设计策略。③

　　叙事设计通过运用叙事思维，以叙事的形式传递产品信息，使用户更易理解产品；以故事、角色的代入使用户自然融入产品的使用过程。依据层级关系，由"物"到"事"，由"事"到"情"，层层铺展开，丰富用户的情感体验。

二、叙事结构：主题与框架

　　结合叙事学与体验设计的基本内容，叙事设计围绕故事主题，安排角色层、行为层、场景层和道具层④（见图 2-4）。结构层是指叙事设计的总体框架，决定了叙事主题选择和框架设定。角色层是指直接用户和相关利益者的角色设定。行为层是指为达成产品与服务功能，与叙事

① 方晓风. 写在前面 [J]. 装饰, 2021 (9): 1.
② 赵超. 健康医疗设计：叙事循证的创新范式 [J]. 装饰, 2021 (4): 12-19.
③ 任英丽, 朱春艳. 叙述视角下的特色小镇服务设计研究 [J]. 包装工程, 2021, 42 (6): 120-125.
④ 张凯, 高震宇. 基于叙事设计的儿童医疗产品设计研究 [J]. 装饰, 2018 (1): 111-113.

主题相互匹配的用户与相关利益者行为设定。场景层是指与叙事主题和故事情节发展相对应的叙事场景的设定。道具层是指与叙事主题和故事情节发展所需的相关触点的设定。结构层决定了角色层、行为层、场景层和道具层的基本内容，角色层和行为层相互匹配，场景层和道具层相互配合，各层之间相互关联相互作用。

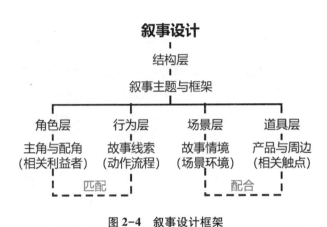

图 2-4 　叙事设计框架

（一）叙事主题

设计师不仅可以在形式和功能等方面加入情感、人性因素，也可以通过故事使其具有情感、个性、情趣和生命，成为"诗意"的设计。通过真实感人的故事，可以最大限度地传播品牌的理念，让品牌"润物细无声"地走进消费者心中，使他们在不知不觉中接受品牌。好的主题是成功的一半。中国画讲究"意在笔先"，在体验经济时代，应追求"意在设计先"，设计应具有强烈吸引力的良好主题，寻求和谐的道具、布景，创造感人肺腑的场景，产出丰富的、独特的体验价值，以期达到更高层次的意境状态。

好的设计有时也需要好的名字来点化，诱使人去想象和体会，让人心领神会且怦然心动。就像写文章一样，一个绝妙的题目能给读者以无尽的想象，无言地深化设计内涵。借助于语言词汇的妙用，给所设计物品一个恰到好处的命名，往往会成为设计的"点睛之笔"，可谓设计中的"以名诱人"。比如，菲利普·斯塔克的每件产品都被赋予了名字，像"Bliss 先生""BoomRang""茜茜女士"等。给产品起个名字，就像给孩子起个名字，隐藏在产品背后的故事、希望、梦幻便呈现在使用者面前。通过名字，使用者与设计者之间就建立了牢靠的统合感，产生一种不寻常的亲昵关系。用更诗意的文字创设出迎合人们浪漫心态的，更讨人喜爱或者是能引起人们的强烈感受，引起美好回忆的产品意象，这可以说是市场营销的一种策略，在为产品加上能引起人奇妙幻想的名字的同时，人们将从追求在物质上拥有它们转变为对拥有本身的个体性崇拜和公众性艳羡。①

具有诱惑力的叙事设计主题会调整人们的现实感受，能触动人的心弦，满足人们的深层需要。其实，这可以与市场细分联系在一起，根据所面对的目标用户，采用最能触动他们的名字。《消费者行为学》中有以下几种不同的市场细分法：地理细分、人口统计细分、心理细分、消费心态细分、社会文化细分、情景细分、利益细分、混合细分等②，其中可利用的有很多。地理上：是城市、乡村、家庭、企业、户内、户外等；气候上：是温和、炎热、潮湿还是多雨的；人口上：是儿童、少年、青年还是老年，是男、女，单身、已婚还是离异；使用情景上：是休闲的还是有工作的，是家里的还是商店的；利益上：是长久的，还是便利经济的，诸如此类都可以作为主题。而其中时间与空间是最常用的主题：是传统的、当代的，还是未来的。传统与现代主题其实可以演绎为：从技术上看，是手工制作还是机器制造，是天然的还是人造的；从真实性看，是原始的还是模仿的；等等。同时，质地是精制的还是粗制

---

① 卡梅尔. 菲利普·斯塔克［M］. 连冕，译. 北京：中国轻工业出版社，2002：12.

② 希夫曼，卡纽克. 消费者行为学［M］. 俞文钊，肖余春，等译. 上海：华东师范大学出版社，2002：48—50.

的、奢侈的还是便宜的，大的还是小的，等等，都可以作为主题。总之，产品、服务的主题是建立在市场定位上的，最主要的是抓住用户内心感受。

（二）叙事框架

用于自传叙事连贯性分析的巴克雷模型从信息量和叙事组织两方面进行。① 叙事信息量是指叙述的基本元素，包括主角和配角、场景、活动、情节、属性。叙事组织从时间、密度、功能三个维度进行分析。时间组织包括服务的先后顺序和因果关系。密度组织是服务中包含的基本任务的密度。功能组织分为导览、服务内容与评价。在服务设计中，可以依据服务前—服务中—服务后三个阶段来设计叙事，先导览、观察、了解，接着切身体验，最后分享、评价体验。每一个阶段按故事时间、密度组织叙事信息，有顺序、有节奏地安排主角和配角在特定场景下与触点间的行为互动。服务前期通过各种渠道扩大影响力，增加吸引力；服务中期提升体验感，促进主角的沉浸感；服务后期拓展体验的延续性。在产品设计、视觉传达设计等设计领域中，叙事架构重点借由叙事载体"产品"，传达文化内涵的精神属性，唤起用户的心理反应并获取富有变化的情感体验。经由"人"借"物"—"物"传"事"—"事"传"情"的叙事转化过程，在产品、媒介上的图像、肌理、互动等素材"话语"中传达故事，以图达意。可以参考诺曼的情感化设计，在"本能表述—行为表述—反思表述"三个层次中层层递进引发用户的情感共鸣。通过对产品的形态进行设计，如造型、色彩、材料等，使用户直接理解叙述故事；对产品的功能进行设计，用户参与到操作中便可以体会到叙事故事；利用产品引发用户的思考，进而领悟叙事故

---

① 任英丽，朱春艳. 叙述视角下的特色小镇服务设计研究［J］. 包装工程，2021, 42（6）：120-125.

事。根据受众、主题的不同，可以采用不同的表述方式。①

三、叙事角色：主角与配角

在设计中首先要具备同理心，能站在相关利益者的立场思考问题。在呈现研究结果与目标定位时，按照从用户中来，到用户中去的理念，采用用户角色模型（persona）、角色扮演（role play）等方法，生动形象地展现前期定性与定量用户研究结果，让人印象深刻，容易有代入感。深入了解用户及相关利益者，了解用户是谁，深刻理解用户/客户行为和需求，专注于用户需求，与用户产生同理心，提高洞察力等，从而创建更好的产品和服务。这样的方式也利于设计阶段时刻以用户为中心，以满足客户的显性需求（物质需求）与隐性需求（精神需求）为目标，从而增加产品与服务的附加价值。

在叙事设计时，为了进一步加强用户与产品、道具之间的互动，邀请用户扮演某一角色，起到丰富用户的情感体验的作用。比如，设定患儿在 CT 扫描过程中的行为动作，积极使用角色扮演，假装躲避海盗，使患儿在错位的体验中消除不良的医疗体验。②

在故事角色设定时，也可以采用拟人化的方式将设计的产品作为主角，用以陈述人机互动的故事。比如，超市里的一个"愚蠢的"自动收银机，或者一个不听话的门锁让你进入你的办公室。这样的故事中，产品成为主角，使用者成为配角，让设计师解释用户经历的事件，与产品的互动。当我们倾向于将与特定的人工制品的互动解释、回忆和复述为两种生物之间的互动时，两种生物（使用者和人工制品）都具有某种形式的能动性。

---

① 吴卫，李黎俊雄. 湖湘红色文创产品设计中叙事设计的方法与实践［J］. 装饰，2021（9）：42-45.
② 张凯，高震宇. 基于叙事设计的儿童医疗产品设计研究［J］. 装饰，2018（1）：111-113.

四、叙事建构：行为层、场景层与道具层

（一）叙事场景

在文学范畴里，场景有两个义项：一是戏剧、影视剧中的场面。二是泛指情景。前者侧重于空间环境，具有客观性；后者偏向于行为情景与心理氛围，带有主观性。在"互联网+"时代，场景被重新定义，成为一种思维方式、一种商业能力；场景思维将对传统商业逻辑进行颠覆、终结与重塑。① 场景思维将人、物、场进行有效连接与整合，构建一种能充分激发个人参与互动体验、释放情感和价值诉求、享受个性化服务的时空情景。从场景出发考虑角色与道具之间的行为互动，考虑场景的时空环境、社交氛围等因素，有利于设计者充分解读角色需求，有利于提升用户体验的满意度。故事解释的过程是观众或使用者活动的重要组成部分，是建构主义叙事观念的核心。设计应该是为场景寻找合适的答案，停止简单地以创造形式为目的的设计。无论是服务设计、体验设计抑或是叙事设计，为了使用户与产品、服务有更好的交互，依据叙事思维按时间、地点场景厘清从用户那里收集的素材，分析那些对用户行为影响最大的事情。

（二）叙事情节建构

围绕叙事主题，服务设计依据主角、配角性格，设定角色与道具之间的互动行为。在故事建构过程中，行为序列可以看成故事线索，从而将用户与物体的互动叙述成有趣的、引人入胜的、令人难忘的故事。比如，观察用户与电水壶之间的互动，可以从微事件的角度来分析：看到水壶—举起水壶—打开顶部—装满水壶—关上盖子—放上底座—打开开

---

① 国秋华，程夏．移动互联时代品牌传播的场景革命［J］．安徽大学学报（哲学社会科学版），2019，43（1）：133-137.

关—等待沸腾—听到声音—自动停止—取下水壶—将水倒出—放回底座。这一系列用户与对象交互的微事件，设计师以故事的方式指导与呈现。就像电影导演一样，设计师将这一过程中涉及的视觉、听觉、触觉、嗅觉、味觉仔细调整，引起用户的共鸣。比如，在水壶设计中，思考水烧开时采用什么声音、什么音节来提醒水的沸腾？随着水变热，通过声音还是光线的变化显示水温的变化？水开的声音是否能有效引起用户的注意？这一系列微事件，是利用用户对符号学的理解，将线索插入产品中，被特定文化背景的目标用户所理解。

产品与服务中常见的叙事方式按照时间顺序（线性）进行，随着科学技术的发展，电影故事中蒙太奇的非线性叙事方式也运用在服务系统中。按照倒叙、插叙等方式将故事的起因、经过、高潮和结尾串联，电影中特定的节拍、场景、时间被运用在用户与产品/服务的互动过程中。叙事方式从单一维度到多维度、多线性、非线性编辑方式开拓和创新，如基于人工智能语音交互的语言学习系统《必果世界》，以用户闯关游戏方式进入真实有用的语言场景，在用户与虚拟角色的对话中提供线索，系统自动做出不同的交互式反应，带给玩家丰富的体验感和趣味性的同时，又为用户学习语言提供帮助。通过将产品交互体验中涉及的微事件序列进行编码、排序，采用原型模式进行抽象的叙事结构模拟，允许用户在重建故事时将信息插入正确的序列中。无论以时间顺序讲述的故事是否方便用户理解，故事呈现的顺序应符合用户的思维模式，从而帮助用户将信息"归档"到正确的地方。比如，因果模式接近用户的思维模式讲述的故事更易于被记住。体验中的惊喜和不可预见性模式，为体验创造不同的节奏和戏剧结构。

对视觉叙事而言，特别是在文创产品领域，由于涉及的"道具"仅为单一的产品，叙事情节的建构则相对简单。一方面围绕叙事主题对相应元素进行提取、解构、创新，整合成具有传达功能的叙事性图像；另一方面在用户"观"和"用"产品之间串联，完成整个叙事情节的走向。比如，在恐龙雪糕的包装盒底部设计恐龙化石图案，随着雪糕被吃尽的行为出现化石图案，情节的反转带来意外的惊喜。通过叙事情节的重新建构，使产品设计的重点由"事物"转变为"事件"，观看可读性强、生动形象的叙事性图像和使用产品过程中，将用户带入所营造的叙事情境，启发深层次的思考。

（三）叙事原型视觉化工具

设计师可以使用原型图式来组织互动中的微事件，这种互动会以一种类似于典型故事结构的方式发生。这将有助于促进对象交互的可记忆性，体验的叙述性和对象的可识别性，甚至促进用户之间的口碑相传。通过创造同一趋势下不同角色共有的情境和行为契合点，以故事板（storyboard）、用户旅程图（customer journey）、服务蓝图（blueprint）等视觉化方式呈现，以叙事化手法表现。这种方式迫使参与者将相关叙事主题的交互体验划分为微事件，从中查看哪些可用可操作，哪些无效得修改。情境分析方法的使用需要小组成员共同完成，由于小组成员具有不同的背景、社会经验，对事物的评价能考虑广阔的背景，从而更好地了解到整个事件。[①] 通过情境故事思考可能的发展方向到具体设计方案产生的逻辑性和合理性问题，从而对确立设计方案起到一定的助推作用。胡莹等[②]认为图示化作为催化剂能触发共创小组快速准确地进行知识建构，加快小组交流，而利用情境可以帮助小组成员有效地分析各个阶段的用户体验。

通过组织设计工作坊，多人共同合作，实现组织的共同创造，统筹兼顾多方利益诉求，形成各方均衡系统较优的解决方案。运用故事板、用户旅程图等方法进行串联，体现用户与不同接触点之间的先后顺序与

---

① WILPERT B. Psychology and Design Processes [J]. Safety Science, 2007, 45（3）：293-303.

② 胡莹，杜星，黎颖. 基于跨设计领域工作坊环境下的思维转换研究 [J]. 包装工程，2016, 37（20）：90-94.

用户情绪。在使用这些工具时，都需要注意的一点是，应紧密联系相关的产品/服务，讲述的是用户与产品/服务互动过程中的得失，否则容易走偏，不能抓住设计的主要问题。

五、总结

叙事设计思维以故事、角色的代入传递信息，在产品/服务开发阶段，利于设计团队理解用户，理解相关利益者，在投入使用阶段有利于增强产品与服务的竞争力，给接受者带来完全不同的感受，提升体验感。基于用户需求、市场趋势"讲什么故事"，叙事设计充分利用道具"讲好故事"，既满足产品作为事物本体的基本功能属性，又通过给产品与服务增加故事性来丰富内涵，兼具传达文化内涵的精神属性。随着虚拟现实技术（VR）和增强现实技术（AR）的发展，经过精心编排的叙事组织、逼真的虚拟效果、超现实的空间体验与真实场景，给用户带来更多的艺术体验和精神享受。

体验与服务设计评估

在数字经济蓬勃发展的今天，用户与企业之间的连接不再仅仅限于产品本身，而是产品、人、环境、信息的综合体。用户与企业之间的连接远比过去丰富，推动了以生态圈为代表的创新商业模式，相应地其体验评价远比过去复杂。体验普遍的研究思路是通过分析用户体验的结构，细化并分解出其中的各个因素并分别确定其影响作用。如哈森扎赫（Haasenzahl，2003）① 将人们对产品的使用体验分为两个部分：实效价值（pragmatic value）和享乐价值（hedonic value），不仅包括传统的功能性和可用性需求，也包括个性价值与情感需求。耶特尔（Jetter，2006）和格肯斯（Gerken，2006）② 在哈森扎赫（2003）的基础上进一步扩展，认为用户体验是基于个体的价值观和任务场景的、完全主观的感受，而市场运作中，企业会根据商业价值和商业场景来规划想要达到的用户体验。因此，用户体验分为两个层面：（1）用户—产品体验，关注产品满足个体的实效价值和享乐价值需求；（2）企业—产品体验，关注行业目标和企业价值如何被用户感知，如品牌形象、服务类型等。

① HASSENZAHL M. The Interplay of Beauty, Goodness, and Usability in Interactive Products [J]. Human-Computer Interaction, 2004, 19: 319-349.

② JETTER H C, GERKEN J. A Simplified Model of User Experience for Practical Application [C] //MORCH A, MORGAN K, BRATTETEIG T. NordiCHI'06: The 4th Nordic Conference on Human-Computer Interaction: Changing Roles. New York: Associaiton for Computing Machinery, 2006: 106-111.

后者基于前者，只有良好的用户个人体验才能形成正向的企业印象，企业才能创造商业价值。设计师需在满足用户需求和创造商业价值之间权衡，并尽量达到统一和双赢。这一双层体验结构理论将产品或系统的目标从产品功能扩展到个体价值和企业价值的综合感知。由于体验的定义和构成存在一定的分歧，用户体验感知是动态的、主客观结合的、多维的，体验的测量与评价侧重点不同，方法也颇为多样，体验的评估也逐渐综合与多元化。

一、用户体验感知特点

纯从体验的结构、构成来分析体验，缺乏结构要素之间的相互作用分析，这显然是不够的，是不完整的。霍金斯模型（见图2-5）被称为将心理学与营销策略整合的最佳典范，认为消费者在内外因素影响下形成自我概念（形象）和生活方式，消费者的自我概念和生活方式导致一致的需要与欲望产生，这些需要与欲望大部分要求以消费行为（产品）获得满足与体验（见图2-5）。一些研究者从动态过程角度分析并建立模型，并提取其中的决定因素。福利齐（Forlizzi）用户产品交互模型、哈森扎赫（Hassenzahl）三因素模型、罗托（Roto）用户体验整体模型是其中比较有影响力的模型。这些过程模型揭示了用户的体验感知具有以下特点：

第一，体验是整体的、综合的。用户在对品牌、产品体验的预期下，在个人的价值、情感、能力等影响下，在不同的任务场景和社会文化背景下，若干次体验后，形成了对产品/系统的整体的、综合的体验感受。哈森扎赫（Hassenzahl，2006）和崔克廷斯基（Tractinsky，2006）提出三因素模型实际就是典型人—机—环境三因素的相互作用（见图2-6）。其中"人"即使用者的内部状态，既包括使用者的性情、动机、价值观、审美偏好、以往生活经验等，也包括使用者当前的情绪、对产品既有的情感、知识、需求、态度、期待等自身状态，这些都会影响和决定

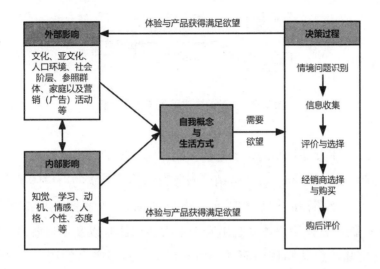

图 2-5 霍金斯模型

使用体验。"机"即产品或系统的复杂度、功能、可用性、设计目的等也是体验的影响因素。"环境"包括宏观的社会因素、文化背景，也包括使用场景。场景的不同也会改变用户的使用过程、习惯等，进而影响用户体验。这与本书前文中提出的体验构成因素并不矛盾（见图 2-7），产品本身的可用性、美感由于使用者情绪/情感的不同、环境的不同，为使用者带去不同的体验。

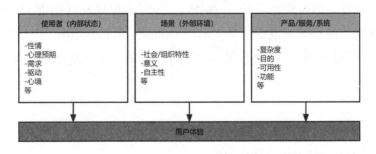

图 2-6 Hassenzahl 和 Tractinsky（2006）的三因素模型

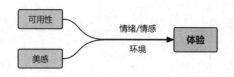

图 2-7 体验的构成因素与影响因素

第二，体验是长期的、动态的。用户对系统的态度和情感可以来自先前经验、他人评价、口碑营销、服务营销等。每次的用户体验会改变用户的心理预期和态度，进而影响近期的用户体验。罗托（Roto，2006）① 提出整体用户体验是由若干单次使用体验以及用户既有的对系统的态度和情感共同作用而成。由此可见，同一产品的用户体验会因人、因境而异。体验评价需要收集不同阶段用户体验的数据，包括期望体验的测量、即时体验的测量、长期体验的测量。

史蒂夫·迪勒等在《创造意义：成功的商业如何传递有意义的客户体验》（*Making Meaning：How Successful Businesses Deliver Meaningful Customer Experiences*）一书中，用时长、情感强度、影响范围、交互、体验诱因和重要性六个维度来关注和创造体验②，也体现了使用时间、既有态度、之前的使用体验在体验进程中造就独特体验的重要性。

"a-ABC"用户黏性形成过程，即把用户"从意识到某个产品的存在（aware），到接受该产品（accept）、用户习惯培养（build），并逐渐因为受该产品影响而改变生活方式（change）"的过程作为一段完整的经历，可以很好地理解和运用体验设计的思维，从触发点、动机和能力

---

① ROTO V. User Experience Building Blocks ［C/OL］//In Conjunction with Nordi CHI 06 Conference，Nokia，2006-07-04.

② STEVE D，NATHAN S，DARREL R. Making Meaning：How Successful Businesses Deliver Meaningful Customer Experiences ［M］. CA：New Riders Press，2005.

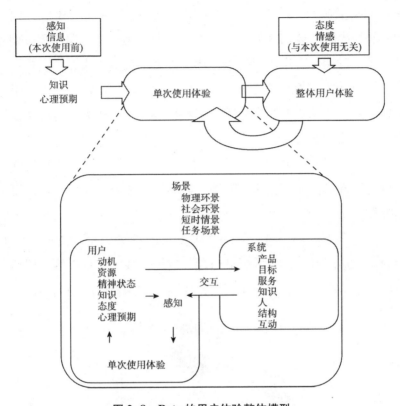

图 2-8　Roto 的用户体验整体模型

三方面合理培养用户习惯，引导黏性行为①，从让人了解到初次印象到良好单次体验到形成黏性的过程中，体验感受是动态变化的，是不断增强黏性的过程。

　　对用户体验随时间推移而变化的研究，比较知名的是卡罗帕挪斯

①　刘柏松. 基于劝导式设计的 APP 粘性行为机制研究［D］. 无锡：江南大学，2017：1.

（Karapanos，2009）等①在定性分析 DRM 数据的基础上建立了用户体验的时间性模型。他们将整个产品生命周期分为：导入期、适应期和认同期，每个时期都有决定当时用户体验优劣的关键因素：

（1）导入期。在用户了解产品时，产品要能吸引人；随着用户开始使用产品，产品要能容易使用。影响该时期用户体验优劣的关键因素主要来自产品的新奇刺激和易学性。

（2）适应期。随着用户使用产品的频率提高，用户对产品开始适应并对功能逐渐依赖。在这一时期，影响用户体验的主要因素是可用性和实效性。

（3）认同期。用户对产品的心理认可度逐渐升高，对产品社交和情感的需求逐渐增加，要求彰显个性，突出自我，体现群体归属感。这一时期产品的个性化和社会化程度是主要影响用户体验的因素。

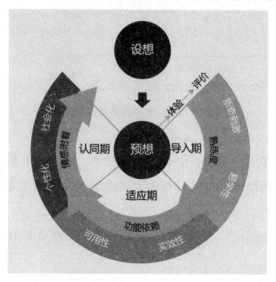

图 2-9　Karapanos，Zimmerman，Forlizzi 和 Martens（2009）的用户体验时间性模型

① KARAPANOS E，ZIMMERMAN J，FORLIZZI J，et al. User Experience Over Time：An Initial Framework ［C］//CHI' 09：Proceedings of the 27th Annual SIGCHI Conference on Human Factors in Computing Systems. New York：Assoication for Computing Machinery，2009：729-738.

第三，体验是个体的，应景的。尽管当前研究并未量化体验各部分因素的权重，但已有一些研究深入探讨了各因素对整体用户体验的影响。如哈特曼（Hartmann，2008）等①指出人们会根据当前场景对不同因素的权重有所侧重，与所提问题相关。当被单纯问及内容相同但美感不同的方案偏好时，人们倾向于更能带来感官愉悦的设计风格；当被要求考虑不同的任务场景和不同的目标群体时，人们又做出了不同的选择。他们又验证了用户特性对因素权重的影响，更看重美学特性的用户更偏向于隐喻设计，更看重可用性特性的用户更偏向于严谨的设计。即使是功能性产品市场，不同细分市场也存在着不同的审美要求。斯坦通（Santon）等人②基于收集大量的真实汽车数据，计算不同汽车与典型汽车间尺寸的差异，分析汽车是典型的还是独特的，并进行购买意愿评价，发现被试对入门级的小型汽车希望造型是独特的，而对功能性的全乘用车则希望造型是典型的。Lawry 等人运用眼动追踪发现男女观察汽车时的眼动指标、感兴趣区域有诸多不同。③ 由此，设计者应针对应用场景与目标用户而对设计特性有所侧重。

二、用户体验评估测量方法

（一）问卷法

问卷法是通过一系列问题构成的调查表收集资料以测量人的行为和态度的心理学基本研究方法。用户体验是用户与产品、服务交互的综合

① HARTMANN J, SUTCLIFFE A, DE ANGELI A. Towards a Theory of User Judgment of Aesthetics and User Interface Quality ［J］. ACM Transactions on Computer-Human Interaction, 2008, 15（4）：15-30.
② STANTON S J, TOWNSEND J D, KANG W. Aesthetic Responses to Prototypicality and Uniqueness of Product Design ［J］. Mark Lett, 2016, 27：235-246.
③ LAWRY S, POPOVIC V, BLACKLER A, et al. Age, Familiarity, and Intuitive Use：An Empirical Investigation ［J］. Applied Ergonomics, 2019, 74：74-84.

反应和结果，具有很强的主观感受特性，主观情感测量量表也就成为常用的测量方法，如 PAD 量表、PrEmo 量表、净推荐值（Net Promoter Score，NPS）、CSAT 评估（Customer Satisfaction Score，CSAT）、用户费力度评估（Customer Effort Score，CES）等评估量表也可以应用在评估中。而就产品可用性体验而言，已有不少通用标准化量表，目前应用最广泛、被国内和国际标准所引用，在完成一系列的测试场景后评估可用性感知的标准化可用性问卷是：用户交互满意度问卷（QUIS）、软件可用性测量量表（SUMI）、系统可用性整体评估问卷（PSSUQ）、软件可用性量表（SUS）。场景式可用性测试完成后，用于结果管理的问卷包括：场景后问卷（ASQ）、期望评级（ER）、可用性等级评估（UME）、单项难易度问题（SEQ）、主观脑力负荷问题（SMEQ）。有一些领域已研究专门的用户体验问卷，如 Fang 等①在 2011 年基于流动体验理论（Flow theory）编制了电脑游戏中的流动体验问卷，艾瑟尔斯泰恩（IJsselsteijn）等②编制了游戏体验问卷（GEQ），用来测量机器人拟人化交互程度的 godspeed 量表。③

标准化量表是被设计为可重复使用的问卷，可做的事情介于满意度监测与满意度洞察之间。标准化量表为用户体验评估提供了客观的、可重复的、量化的、经济又普适的方法，但由于问卷长度的限制，触及力弱而成本较高，所以只能做较低频的监测。又由于量表是标准化而非定制化的，所以不能提供足够深入的洞察。以儿童为研究对象，特别是针

---

① FANG X, ZHANG J, CHAN S, et al. Measuring Flow Experience of Computer Game Players [C] //In Proceedings of the Fourteenth Americas Conference on Information Systems. New York：ACM, 2011：137.

② IJSSELSTEIJN W A, DEKORT Y A W, POELS K. The Game Experience Questionnaire：Development of A Self–Report Measure to Assess Player Experiences of Digital Games [R]. Eindhoven：The FUGA Group, 2008：1–10.

③ BARTNECK C, KULIC D, CROFT E, et al. Measurement Instruments for the Anthropomorphism, Animacy, Likeability, Perceived Intelligence, and Perceived Safety of Robots [J]. International Journal of Social Robotics, 2009, 1（1）：71–81.

对低龄儿童的问题设计要仔细斟酌，在问卷设计时可以采用专为儿童产品评估而设计的工具包，如有趣工具包（fun toolkit）①，采用拟人化的视觉模拟评分量表，更符合儿童倾向给出偏高评价的反应。通过适当借助图片、绘画等直观可视化的形式以及场景化、游戏化的方式，吸引低龄被试的注意力和投入度，提高测试成效。马丁·L. 弗拉克（Martin L. Fracker）等认为，主观的可用性级别度量虽然廉价而又容易实现，但往往与实际是偏离的。② 问卷的被调查者可能对问题做出虚假或错误的回答，而且很难验证答案的准确性。

（二）启发式评估

启发式评估是由多位评估者通过对照一些设计准则（包括可用性、美感等）和自己的经验对一个产品/服务/系统等进行评估，从而找出其中潜在的问题。启发式评估是可用性研究领域的传统方法，现在也扩展到了体验的整体评估中。

以往已有不少启发式评估研究，但未能整合到一个经过验证的模型中。然而体验的对象类别不同，评估侧重各有不同。斯维兹（Sweetser）和惠氏（Wyeth）在整合以往启发式评估研究基础上，提出了游戏流（game flow）模型，包括了专注、挑战感、技能、控制感、明确的目标、反馈、沉浸、社会交流 8 个部分，并运用专家评估法对该模型的有效性进行了验证。③

启发式评估如深度访谈一样，成本低廉、易学习使用，3~5 个评估者就可以找到 75%~85% 的可用性问题。启发式评估结合深度的访谈也

① READ J, MACFARLANE S, CASEY C. Endurability, Engagement and Expectations：Measuring Children's Fun ［J］. Procs Interaction Design and Children, 2002：1-23.

② FRACKER M L, HECK M, GOESHEL G. When a User Interface is Good Enough：User Ratings in UI Design ［C］//Proceedings of the Human Factors and Ergonomics Society Annual Meeting. London：SAGE, 2010：595-599.

③ SWEETSER P, WYETH P. Game Flow：A Model for Evaluating Player Enjoyment in Games ［J］. Computers in Entertainment, 2005, 3（3）：3-3.

很重要，更多的是对用户满意度进行深入的探讨和挖掘，去了解用户满意或不满意的理由，以便对用户态度有较为深入的理解，并对后续改进有针对性的建议。但启发式评估也具有主观性，评估结果会因为评估者的偏见出现偏差。评估也会因为测试对象不同而有所调整，如 Breakwell 等①报告说，儿童中存在强烈的默许反应偏见，即倾向于说"是"。

（三）生理心理测量

生理心理测量是通过设备测量人在体验时身体的信号研究人的心理生理过程的方法。通过采用实验方法对被试施以刺激信息，并测量其按照预定匹配规则的系列反应时的各项生理指标，观察用户的微观信息加工，推测用户脑内信号与刺激信息特征之间的映射关系。认知神经科学研究中通过事件功能性磁共振成像（fMRI）、脑磁图（MEG）、事件相关脑电位检测（ERP）、脑电图（EEG）等设备获取被试在各个阶段的相关生理和心理反应指标。这些无创伤脑成像研究手段不需要侵入的医疗程序，在许多情况下不会干扰主要任务，为体验评价相关理论与模型的建立提供了脑电活动、脑区定位与功能等脑科学的实验依据，在多个领域越来越受到重视。EEG 测量（Ding 等②）、fMRI 测量（Makin 等③）被用来识别审美过程，评价产品意象（Guo 等④）。实验中的 EEG 节律量化了视觉审美，如 α 节律和 γ 节律用于识别三维色彩、形

① BREAKWELL G. Research Methods in Psychology ［M］. London：SAGE Publications，1995.

② DING Y，GUO F，ZHANG X，et al. Using Event Related Potentials to Identify a User's Behavioural Intention Aroused by Product Form Design ［J］. Appl. Ergon，2016，55：117-123.

③ MAKIN A D J，WILTON M M，PECCHINENDA A，et al. Symmetry perception and afffective responses：a combined EEG/EMG study ［J］. Neuropsychologia，2012，50（14）：3250-3261.

④ GUO F，DING Y，WANG T，et al. Applying Event Related Potentials to Evaluate User Preferences Toward Smartphone Form Design ［J］. Int. J. Ind. Ergon，2016，54：57-64.

态的偏好度①，顶叶的中期成分、晚成分及其波幅，可作为产品意象的量化评价标准。② 基于认知神经科学的产品意象评价实验多用于评价产品第一印象，而难以对多次使用的产品进行实验，也无法对其可用性评价进行测试。除了电子游戏等能引发较大情绪变化的产品，其他产品体验过程中的心理生理测量较少。比如，纳克尔（Nacke）等③运用脑电描记、皮肤电反应、心率和面部肌电描记术研究被试者玩电子游戏过程中的生理心理反应。

然而，生理心理测量方法也存在诸多局限性：一是测量设备价格昂贵，对设备保修和使用人员的培训费用高；二是合理的实验设计非常必要，微小的干扰因素都可能影响实验结果；三是解释生理指标的数据困难，大部分心理状态和生理反应之间存在多对一或者一对多的关系，需要谨慎对待数据的解释。

（四）行为测量

被试者的语言可能"欺骗"人，但身体语言不会。行为测量就是通过被试的行为和身体信息，研究被试的心理过程或心理状态。随着各种非侵入式传感设备和行为记录分析技术的发展，行为测量更为自动化。行为测量受年龄限制较小，在儿童群体，尤其是学龄前儿童研究中应用广泛。

在游戏过程中的行为特征集合可用来挖掘隐藏的玩家状态，如Park 等发现游戏玩家在挫败状态下触按手柄的压力要显著大于一般游戏状态。行为测量研究时主要观察被试与产品互动时的眼动、肢体动

---

① CHEW L H, TEO J, MOUNTSTEPHENS J. Aesthetic Preference Recognition of 3D Shapes Using EEG [J]. Cognitive Neurodynamics, 2016, 10 (2): 165-173.

② 张艳河. 基于脑电的用户感知意象思维表征 [J]. 机械设计, 2017, 34 (6): 113-118.

③ NACKE L. Affective Ludology: Scientific Measurement of User Experience in Interactive Entertainment [D]. Karlskrona: Blekinge Institute of Technology, 2009.

作、自发式语言和面部表情、人机距离等。视线跟踪技术通过眼动捕捉用户在完成任务时的客观、详细、可视化的眼动信息，探索用户的心理。用户使用产品服务过程中的眼睛注视位置、顺序、停留时间等数据，可视化为视线轨迹图和热点图，更方便揭示用户关注或忽略的区域。而面部表情分析系统能有效识别人的情绪状态与变化，如高兴、悲伤、生气、惊讶、害怕、厌恶。肢体动作是用户跟产品互动时的各种肢体行为，如儿童会好奇地抚摸产品，亲吻喜爱的玩具。这些方法比回溯性出声报告法更有说服力。在互联网行业中也可直接从后台调用数据，如用户点击行为、浏览时长、浏览路径等，也可以做 A/B 测试，比较两款产品的孰优孰劣。

尽管行为指标评价法具有非干扰性、经济、客观等特点，但其在不同文化背景下运用的有效性并不确定；由于人的年龄、性格、教育背景、文化背景等的影响，被试个体行为差异大；行为测量结果解释也就相应困难，也需谨慎对待数据的解释。

三、用户体验综合评估

(一) 跨时间、跨触点的综合评估

一般来说，用户在体验产品、接受服务后，用户预期的感受与实际感知之间是有差距的。如何衡量与期望的差距，是超出预期还是没有达到？程度怎样？从系统的观点来看，服务体验满意度是贯穿产品/服务/系统所有接触点的，是与用户期望比较的累积结果，是跨时间、跨触点的综合评价。1985 年，Parasurama，Zeithaml 和 Berry 提出了用于评估服务满意度的服务质量差距模型。该模型以用户为本位，根据由美国学者理查德·L. 奥利弗（Richard L. Oliver）提出的期望失验理论，将服务满意度和服务期望及服务感知之间的关系表示为服务满意度 = Σ（服务感知−服务期望）。这一理论也延伸至产品及整个系统体验的评价。由

于体验评价从单一产品的关注转向全过程的设计，意味着不仅要关注使用中的体验（E），也要主动影响用户的期望（P），由此可从两个角度优化未来顾客满意度的增长：一是减缓服务期望的满意度增长速率。二是加快服务感知满意度增长速率。所谓期望越大，失望越大。在做广告营销宣传推广时，要注意真实可信度。而提高服务感知满意度可通过对各关键接触点的调整来实施。

体验的满意度评价既是"接触点"的微观评价，也是对体验"过程"的宏观评价，是在多重时间维度上全景式的过程体验对比。在传统的体验评估手段下，掌握用户满意度现状，把有限的资源集中到用户最看重的地方，建立和提升用户忠诚度；掌握品牌和目标群体的差异，为分层、分流和差异化服务提供依据。美国 PZB 服务质量研究提出服务质量（SERVQUAL）评价结构，并形成 RATER 模型，从有形性（tangibles）、可靠性（reliability）、专业性（assurance）、响应性（responsiveness）、移情性（empathy）五个维度衡量体验的整体性效度。有形性是指产品是否可供（affordance），即用户是否容易理解产品或服务。可靠性是指履行做出的承诺，以获得用户的信赖。专业性是指运行过程中体现出的专业素质和专业能力。响应性指的是产品的反馈机制是否灵敏，用户反馈渠道是否便捷畅通。移情性指的是服务系统是否契合用户逻辑，服务提供组织成员能够理解目标用户，并以用户语言进行沟通。这五个维度中有形性、可靠性、专业性可用来微观评价"接触点"满意度，响应性、移情性可用来宏观评价"过程性"满意度。对于物理接触点、数字接触点也可从可用性、舒适度、愉悦度等层面来评价。

通过接触点与过程性相结合的评估方式，既考虑"使用前"的事前预期，又考虑"使用中"的接触感知，还考虑"使用后"的评价分享，形成以用户最终体验结果为导向的满意度洞察；既找出用户旅程中相对薄弱的环节，为具体的"接触点"体验设计提供依据，又从系统视角全面衡量接触点的重要性，为接触点数量的增减与投入权重的配比调整提供逻辑依据。

（二）评估研究方向与趋势

正是由于体验组成因素的复杂性、动态性、个体性，这些模型并没有量化出各个因素在共同作用的作用比重。目前在体验评价的单个维度方面进行了一些探索。如拉维（Lavie，2004）和崔克廷斯基（Tractinsky，2004）[①]借助探索性因素分析研究被试评价网页美观程度时的 35 个指标，将美感分为：经典美感（classic aesthetics）和表达美感（expressive aesthetics），分别强调有秩序和清晰的设计理念以及原创性和创新性。给予这类美感以多个测量指标，给予 7 点量表，从而综合计算出美感值。而可用性测量从主客观角度进行综合分析，包括可用性问卷、可用性问题的自我报告、专家评分、认知走查等主观测量，任务分析、错误率统计、使用时间记录等客观数据。蔡敏等人将感性工学方法与 Kano 模型结合，通过合成语义空间和属性空间，建立起客户感知与服务要素之间的关系模型，从而确定服务属性的改进优先级策略，并为开发特定感性感知的服务提供参考。[②]

在业界，黄峰等[③]唐硕公司成员提出并实践了全面体验管理方法，基于体验目标，体系化地设计体验管理指标，获取用户真实的体验感知，从而进行客观科学的评估和衡量。他们推出了一套品牌体验指标（Brand Experience Indicator，BXI），通过大小数据结合的方式打造全局的体验评估模型，公式如下。该体验评估模型包含以下三个维度：（1）体验感知度，即从用户体验旅程角度，基于消费者全旅程、全方位的关键体验

① LAVIE T, TRACTINSKY N. Assessing Dimensions of Perceived Visual Aesthetics of Web Sites [J]. International Journal of Human-Computer Studies, 2004, 60 (3)：269-298.
② 蔡敏，王倩倩. 基于感性工学的服务设计方法研究 [J]. 设计艺术研究, 2019, 9 (6)：60-67.
③ 黄峰，黄胜山，苏志国. 全面体验管理 [M]. 北京：中国财政经济出版社, 2022：125-130.

点，全局测量消费者感知；（2）体验整合度，即从体验维度感知角度，比较消费者在四大体验维度（产品、沟通、服务、环境）的体验感知度与品牌整体感知度的偏离程度，衡量品牌在各个维度的体验是否统一、连贯；（3）品牌价值达成度，即从品牌价值角度，基于品牌价值和消费者感知的匹配度，衡量品牌价值传达有效与否。这一体验评估模型考虑了体验的全过程、体验的一致性、体验的达成性。该公司还开发了 XM SaaS 平台，能更有效轻松管理用户互动，衡量用户体验，洞察用户反馈。

$$BXI = \sum_{i=1}^{n} X_{indexX_i} \cdot W_i$$

服务设计中服务的介入使服务提供者与接受者之间的关系也成为影响体验的主要因素。服务提供者的社会形象，如社会正义、包容、平等的机会、生态和社会责任、互相尊重，虽非直接产生经济价值，但切实影响着用户对产品/系统/服务的预期和态度。比较成熟地讨论社会型产品用户体验模型的是德·安吉莉（De Angeli）等[1]的用户卷入模型，认为影响社交型产品体验的三类关键属性是功能性、美观性和社会性，随着时间的推移，依赖于系统的功能、用户的特点和两者的熟悉程度，用户卷入（involvement）程度发生变化。对社会型产品而言，用户投入（卷入）程度越大，说明系统功能越好。

服务设计不仅从用户体验角度进行优化，更是立足全局，强调系统地解决问题，在满足不同利益相关者合理诉求的同时，通过流程、节点、环境的塑造，有效利用资源、提高生产效率，兼顾社会和经济价值。由此，对于服务设计的评估需要建立起一套多维度的复杂系统，除了用户体验方面的评估，还包括有助于有效计算服务设计项目的投资回报和社会价值。需要跟服务提供方一起仔细设计服务的关键绩效指标，考虑服

---

① DE ANGELI A, SUTCLIFFE A, HARTMANN J. Interaction, Usability and Aesthetics: What Influences Users' Preferences? [C] //Proceedings of the 6th ACM Conference on Designing Interactive Systems. Philadelphia: University of Pennsylvania, 2006: 271-280.

务人员之间的交流互动、服务后台的支持效度，考虑服务提供过程中的服务元素的作用，考虑新服务模式的行为对新的服务系统的销售数字和总营业额的影响，从而建立起服务设计与商业目标之间的紧密衔接。比如，通过在用户旅程的各个阶段分解商业模型，或者通过分析用户旅程中各个触点的商业模式，可以多渠道模拟降低成本，增加收益。设置一个持续运作的监控系统，以便评估在服务提供过程中的关键转换节点，从而可能建立新服务元素、客户满意度、商业效果之间可测量的联系。

四、总结

互联网社会和工业 4.0 的到来，人们对设计的关注点正经历着从物到行为方式，从功能到用户体验，从单一产品到整体服务的重要转变。满意体验的设计不只体现在对体验接触"点"的优化，更应该是在多重时间维度上全景式的过程体验对比。对顾客的重视可以带来利润，但如果服务设计师想从体验层面过渡到业务层面，从创造性的工作坊转移到具有影响力的会议室的话，则需要更全面综合的评估手段。用户体验具有个体主观性、长期动态性和环境依赖性的特点，设计师只能是为某种体验而设计，但很难设计出某种体验（Wright，McCarthy，Meekison，2003）①。随着互联网的普及，产品上线效果评估也由单一的测试方式，变为结合行为数据和态度数据，评估产品触达、使用、反馈的综合分析方法。通过体验设计综合评估，发现薄弱环节和接触点配比，设计师作为使能者通过创造平台，营造环境，为成为参与者的用户提供表演、互动、感知、感受、响应、反思的各种可能性，允许他们在各种复杂的情形里根据个人喜好和需求做出自己的决策，定义个性化的任务流程和成长经历，为灵活满足不同的用户期许、行为习惯和意义发现提供了不同的可能性。

---

① WRIGHT P，MCCARTHY J，MEEKISON L. Making Sense of Experience［C］// Funology：From Usability to Enjoyment. Dordrecht：Netherlands，2003：43-53.

第三篇
可用性与情感化设计

基于认知心理学的机电产品人机界面设计原则①

　　机电产品是将机械系统和微电子系统有机结合的产品，对我国来说，其规模大、关联度强、覆盖面广，是一个具有较高技术含量的产业，很有发展后劲。机电产品是大型设备，其功能性较强，但其在操作上也存在不少隐患，如安全隐患、容易引发职业病等。一个好的机电产品必须同时满足功能全、性能好、精度高、操作舒适、造型美观、形式新颖、安全环保等诸多要求，使产品能在人的视觉范围内产生精神功能，使人方便使用，并得到美的享受，从而喜欢它、爱护它。②

　　人机界面是人与机器之间传递和交换信息的媒介，使用者与产品间透过产品的操控与反馈的界面设计，进行互动沟通与信息转换，从而达到完成任务的目的。需要指出的是，本文中的人机界面是广义上的人机界面，而不仅仅是计算机系统中的人机界面。它是人工物的内部环境（人工物自身的物质和组织）和外部环境（人工物的工作或使用环境）的结合。③ 机电产品作为关乎民生的产品，它的信息交互界面的作用越来越受到关注和重视。然而，有些产品的界面设计得晦涩难懂、难以学习、难以操作使用、容易使用户感到疲劳等，这些缺点的后果是：用户最终会放弃使用该产品，而且在使用过程中还有可能造成无法弥补的损

---

① 原文发表于《机械设计与制造》，2010 年第 1 期，有修改。

② 魏伟. 略谈机电产品的工业设计 [J]. 现代技能开发，2002（1）：46-47.

③ 赫伯特·A. 西蒙. 关于人为事物的科学 [M]. 杨砾，译. 北京：解放军出版社，1985.

失。以用户为中心的用户界面的设计要求被越来越多地提及，满足用户的需求，设计出容易被用户接受的用户界面成为考虑的首要问题。因此，认真而科学地研究机电产品的人机界面设计并付诸实施，对美化机电产品并提高机电产品的档次和竞争力，对安全生产和提高工作效率，都具有重要的现实意义。

认知心理学研究我们如何获得世界的信息，这种信息怎样表征并转化为知识？怎样储存？知识又是怎样指导我们的注意和行为？通过认知心理学，我们可以了解用户对产品的操作使用经验知识以及操作逻辑，以消除设计师和用户思维之间的鸿沟，尽量避免用户产生挫败感和失落感，防止用户对产品产生不良或抗拒的感觉。认知心理学涉及心理过程的全部范围，本文没有详细分析认知各部分，仅简单介绍与人机界面设计有关的认知的若干特性。认识主体对人机界面的认识过程见图3-1，本文仅讨论对这两个认知特性做出觉察（注意）、反应，并针对机电产品特性，提出其人机界面的设计规则，从而使设计师更快更好地完成人机界面设计。

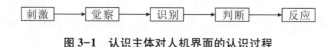

图3-1　认识主体对人机界面的认识过程

一、认知的几点特性

（一）注意特性

注意是一个重要的心理特性，是对意识或精神的控制。[①] 注意的机能作用可以比作过滤器的工作，它实现信息选择，并以此防止信息传送

---

① 李乐山. 人机界面设计［M］. 北京：科学出版社，2004：45.

通道因有限的通过能力而超载。Kahneman 的能量分配模型[①] （见图 3-2） 体现了认识主体的神经系统高级中枢的加工能力是有限的，同时也是有选择性的。

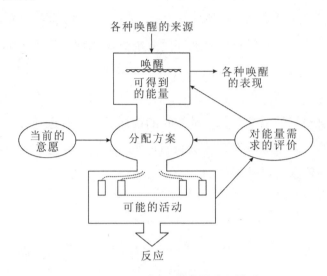

图 3-2 Kahneman 的能量分配模型

（1） 注意的有限性。资源分配方案主要受可得到的能量影响，体现了注意的有限性。人可得到的能量是有限的，每次注意所持续的时间是有限的，注意对象的数目也是有限的，因此，我们对信息的加工处理一般是只能一个个按顺序进行。例如，我们可以同时看报、听收音机，但无法两者都记住。但只要不超过可得到的能量，认识主体就可能同时接收两个或多个输入（活动），否则就会发生相互干扰。如果这些刺激已包含在记忆之中，也就是认识主体比较熟悉该刺激，那么反应该刺激所需能量就会比较少，就可能利用其余的能量做多通道的比较加工。也就是说，当同时进行的 n 种活动中有 （n-1） 种熟练的、自动的，完成的动作时，人可以并行处理这些活动。例如，熟练的司机可以一边抽

---

① KAHNEMAN D. Attention and Effort ［M］. New Jersey：Prentice Hall Inc，1973.

烟，一边哼歌，一边开车。尽管如此，人的注意力仍是有限的，资源分配主要通过对重要事件安排中断来进行控制的。当人疲劳时，人可唤醒得到的能量减少，就可能无法注意到刺激。

（2）注意的选择性。资源分配方案同时受当时的意愿和对完成任务所需能量的评价的影响，所实现的分配方案体现出认识主体对客体刺激的选择性。这意味着当刺激是人所感兴趣的、满足人的需要的事件、较困难的任务，都能引起较长的注意。在外界的干扰中人可以过滤那些需要选择或跟踪的信息，如在乱哄哄的说话声中，有选择性地只注意听某一个人的讲话。那些没有意识到的东西不会引起注意。这表明，每次提供过多的信息是没有用处的。

（二）反应特性

在人—机—环境系统中，人通过感觉器官接收来自机器的信息，了解其意义并予以解释，或先进行计算，再把结果与过去的经验和策略进行比较，然后做出决策，接着人通过控制器官（手、脚等）去操纵机器的操纵器，如开关、按钮、操纵杆、操纵盘、光笔或呼口令等，来改变机器的运转情况。因此，在人机界面中，反应是基于信息处理之上，经决策后人的行动。在人的信息处理方面，Rasmussen 于 1983 年提出了技巧—规则—知识的认知控制模型（Skill - Rule - Knowledge Cognitive Frame，简称 SRK）[1]（见图 3-3），该模型认为：

（1）人应用了 3 个层次的认知控制行为来处理信息。①基于技能的行为层次（Skill-Based Behaviour，简称 SBB），如对熟练的事情，常会不加思考，做出反射性的动作。②基于规则的行为层次（Rule-Based Behaviour，简称 RBB），该行为层次将对外界状况加以确认，考虑采用

---

① RASMUSSEN J. Skill, Rules, and Knowledge: Signals, Signs, and Symbols and Other Distinctions in Human Performance Models [J]. IEEE Transitions on Systems, Man, and Cybernetics, 1983, 13 (3): 256-266.

什么规则合适等反复推敲后，再构筑所需的行为系列，最后加以实行。③基于知识的行为层次（Knowledge-Based Behaviour，简称KBB），这是最复杂的层次，将从对外部状况的认知和解释出发，进行判断和决策，对照规则要求后再移到基于技能的行为去实行。

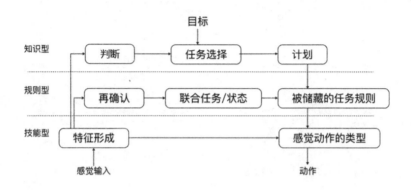

图3-3 人行为三层次认知控制模型

（2）SBB和RBB处理基于感觉—行为表征的问题解决，KBB处理基于符号表征的问题解决。对于SBB，用户只对外界信息做浅层处理（习惯性反应），用户在疲劳或环境影响等丧失（或分散）注意力的情况下，可能引起疏忽和过失，导致操作失败或引起事故。对于RBB，如果规则没有被熟练掌握，人就有可能由于时间短、认识过程差等对规则的理解不够而发生失误。对于KBB，如果作业人员对知识掌握得不够或对问题考虑得不够深入或采取错误的措施，都可能引起失误。因此，人们偏爱使用较低层次的认知控制行为，如SBB和RBB，其相对于较高层次行为KBB可以更为高效经济的完成任务。

丹汉姆（Denham）等提出了一种指导任务分类的SRK等级判别决

策图（见图 3-4)①，可以面向交互任务完成技能型、规则型和知识型的任务分类。

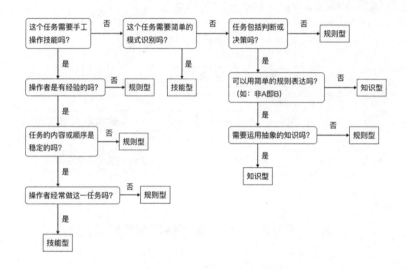

图 3-4　SRK 等级判别决策图

（三）人因失误分析

人不是机器，其行为产生受各种因素制约，硬件的失效、虚假的显示信号和操作人员情绪、体能、偏见等左右而易引起出错。Reason 以关系分类法的观点，在 Rasmussem 的 SRK 模型基础上，将所有的失误分为：疏忽（slip），过失（lapse）和错误（mistake)②。疏忽和过失是执行已形成意向计划过程中的失误，通常表现为错误地发挥了所具备的

① PHIPPS D L, MEAKIN G H, BEATTY P C W. Extending Hierarchical Task Analysis to Identify Cognitive Demands and Information Design Requirements［J］. Applied Ergonomics, 2011, 42（5）: 741-748.

② REASON J. Human Error［M］. Cambridge: Cambridge University Press, 1990: 32-52, 61-65.

功能，常常发生在技能型动作的执行过程中，主要是因为人丧失注意力或作业环境的高度自动化。错误是建立在意向计划中的失误，其往往比较隐蔽，短时间内较难被发现和恢复。

按照对产品知识的了解程度和使用经验的不同，对不同类型用户的认知控制方式进行探索，分析其容易出现失误的问题点，将有助于减少用户的错误操作。

（1）随意型用户。随意型用户可以跟第一次使用的用户归为一类，他们对产品几乎一无所知。无论是否具有专业背景知识，在学习使用中都会遇到各种麻烦。他们有许多担心和想象，害怕倘若出错会破坏机器，却又想尝试各种操作，还往往以为机器无所不能。他们通过界面上的形态符号来猜想，或通过试错来尝试，或通过产品使用说明书来理解产品如何操作使用。新手用户对于界面上的大多数内容都不熟悉，主要通过使用说明和原有知识来学习掌握界面上的大部分知识，其所有任务的执行都是基于知识的层次（KBB）。如果作业人员对知识掌握得不够或对问题考虑得不够深入，会采取错误的措施。另外，若产品形态语义模糊、缺失、矛盾或错误，造成用户认知的困难和失误，也会使用户错误操作。

（2）主流型用户。主流型用户能独立完成一个操作任务，但并不熟练，如不长期操作，可能会忘记所学。对他们来说，对产品已经有一定的了解，能激活一般的知识和规则来解决问题，很多行为已经发展到基于规则的层次（RBB）。他们往往只会正常操作，对某些知识和规则有所遗漏，对有些非正常操作以及软硬件的升级换代则会有些困难。在他们不熟练掌握的知识、规则面前，就有可能由于时间短、认识过程差等对规则理解不够而产生失误，或者他们由于遗忘了一些操作知识和规则，盲目进行尝试，也会出现错误操作，或者产品的升级换代给他们带来一定的认知麻烦。

（3）专家型用户。专家型用户能熟练使用该产品，积累了众多解决具体问题的经验和方法，具有特殊的、实用的、成套的操作方式。他们已经对任务和界面的概念十分熟悉，他们的很多操作行为，已经处于基于知识的层次（SBB），速度非常迅捷。他们要求系统反应迅速并提供简单而不使人困惑的反馈信息，渴望系统拥有便利的工具。对专业用户来说，由于他们对自己的专业知识非常自信，往往只对外界信息做习惯性反应，在疲劳或环境影响等丧失（或分散）注意力的情况下，可能引起疏忽和过失，导致操作失败或引起事故，或者当产品升级换代时改变内容太多，也可能给他们带来一定的认知困难。

二、基于认知理论的机电产品人机界面设计原则

现代机电产品在传统的机电产品的机械结构、动力源和执行元件三大构成基础上，又增加了计算机、传感元件及上述部分之间的接口（见图3-5）。现代机电产品的人机界面，不仅要考虑计算机显示的软界面，也要考虑到传感器、机械机构、执行机构这些硬界面的人机匹配。如何使它们变得友好，变得容易操作并降低出错率是一个重要课题，本文基于前述认知理论得出机电产品人机界面设计的一些基本原则可作为设计参考。

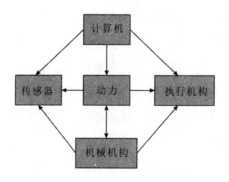

图3-5 现代机电产品构成要素

（一）易学性原则

无论使用者的经验、文化水平、语言技能、使用时的注意力集中程度如何，都能容易地理解设计物的使用方式。界面首先应适应不同读写和语言水平的使用者，不强迫高任务所要求的认知控制层次行为被激活，提供对 SBB、RBB、KBB 三个认知控制层次行为的信息支持。为了方便新手用户学习、理解，提醒普通用户回想起遗忘的知识和规则，需要符合以下几点：

（1）符合用户预期。提供的信息应尽量与用户的期望和直觉保持一致，我们可先确定一个明确的目标信息，接下来确切地知道用户需要什么信息，只有用户想获得的信息与设计师想推出的目标信息一致，才能让用户更快地注意到相关信息。实践证明，使用者习惯凭直觉、经验以及相关的视觉线索来分析判断如何操作产品。在产品形态上，操作部位必须显而易见，而且向用户传达正确的信息。通过人们已经熟知的形状、颜色、材料、位置的组合来表示操作，并使它的操作过程符合人的行动特点①，或者可以利用物理环境类别和文化标准理念设计出让用户一看就明白如何使用的产品，或者可在产品上添加适当的视觉线索来提高产品的易理解性，如指示灯、引线、文字说明等。设计师还可以利用人的联想、想象力，采用仿生、隐喻等来进行功能的传达。

（2）提供帮助。在界面上应当提供教程、演示和帮助等辅助信息，帮助用户对界面知识和任务方法的掌握，同时采用多媒体、声音识别、手写体识别等技术，以及图形提示等适当的方法，使用户通过多通道快速获取立即、明显的反馈。

（3）减少记忆。人机界面设计要尽量减少用户记忆负担，采用有助于记忆的设计方案，为重要的信息提供不同的表达模式（图像的、语言的、触觉的），确保信息冗余度以提高工作效率。建立清楚的视觉

---

① 李乐山．工业设计思想基础［M］．北京：中国建筑工业出版社，2001：72.

层次，可以采用：越重要的部分越突出，逻辑上相关的部分视觉上也相关，逻辑上包含的部分在视觉上进行嵌套。同时通过图形、色彩、数字编号等方式来引导用户，帮助用户理解界面。

（4）尽量简洁。覃京燕等认为简洁的、良好的人机交互界面还具有可持续意义。[①] 为了确保用户的操作质量和提高用户的工作效率，界面设计应尽量简单，去掉不必要的复杂细节，避免同时吸引过多注意力，使用户感觉混乱而影响使用，有时还会引起紧张，甚至引起错误操作。同时，信息的显示应当尽量醒目，重要信息和周边要有足够的对比，强化重要信息的可识读性，不同类信息以可描述的方式加以区别，并根据信息重要程度进行编排，便于识别和执行，明显标记可以点击的地方。

易学性的最高层次"走来即用"（Walk-up-and-use）系统，如博物馆系统学习时间为零。深泽直人提出的无意识设计，就是发现用户的一些无意识行为，并在设计上加以引导。这些行为虽然经常看到，但不易被察觉。通过利用人的无意识，提高产品的易学性，减少人的学习时间成本。

（二）一致性原则

一方面，操作系统与现实应该具有一致性，也就是"控件—功能"之间具有映射关系。映射描述了控件、影响的事物，以及与预期结果之间的关系。当控件与其影响的事物之间没有视觉上或者象征的关系时，映射关系很不自然。不自然的映射关系影响用户的进度，用户不得不停下来思考控件及其影响的事物之间的关系，打断了用户流的状态。控件与功能之间的不自然映射也增加了用户的认知负担，并且可能会产生严重的用户错误。

另一方面，系统不同版本之间、不同平台之间应保持一致。由于普

---

① 覃京燕，李琦. 界面设计的可持续意义研究 [J]. 包装工程，2012，33（6）：81-84.

通用户和专业用户都面临着由产品的升级换代引起的人机界面改变的问题，因此，为使用户将已有的知识和经验传递到新的任务中，更快地学习和使用系统，人机界面应尽量保持一致。人机界面的一致性有助于用户在同一企业的不同产品上操作时，原有的操作经验和习惯能够延续，方便用户的使用，提高操作效率，减少人为的失误。一致的操作序列、有意义的消息、常规用法的引导，可以让这些用户重新发现该如何恰当地完成任务。①

　　一致性的人机界面可使用户将已有的知识和经验传递到新的任务中，更快地学习和使用系统。界面中的形状、颜色、材料、位置的组合、操作模式及交互信息，在可能的情况下，具有固定的表示方式，从而使用户能快速理解，以减轻用户负担，同时也使产品形象与企业形象紧紧地联系在一起，形成有机的统一体。以机床中的"高富帅"德国德玛吉为例，其下属产品不管是数控车床还是加工中心，DMG 的操作人机界面多采用下悬挂方式，显示和操作面板成一定的角度，并可调整角度，满足使用者的舒适性需求。并派生出一系列的形式，不同系列产品中有辅助色、局部纹理的区别，但整体形象仍是一致的。人机界面又和机床的整体风格相互协调，成为 DMG 数控机床的鲜明特征（具体产品见 https：//cn. dmgmori. com. cn/）。为使用户能在不同企业的同类产品上也能利用原有的经验知识，行业协会等最好能建立设计标准，规定一些名称、图形符号、操作步骤等。在同一企业产品的人机界面达到一致性的同时，尽量采用现有的人机界面设计标准。

（三）反馈性原则

　　反馈是控制科学和信息理论中的一个常用的概念，其含义为：向用户提供信息，使用户知道某一操作是否已经完成，以及操作所产生的结

---

① 施奈德曼. 用户界面设计：有效的人机交互策略：第三版［M］. 张国印，李健利，
　　等译. 北京：电子工业出版社，2004：18.

果。反馈信息可以以多种方式呈现，通过信息反馈，用户得到出错提示或任务继续的界面显示。动作序列应该形成有开始、中间和结尾的组合，信息反馈在完成一组动作后给用户一种满意可靠的感觉。要对用户的操作命令做出反应，帮助用户处理问题。控制操作的反馈来源于：手、足等运动器官本身运动情况带来的反馈；由控制器产生的反馈信息；显示器提供的反馈信息。如登录时的状态条、短消息发送成功的提示音等，都实时给出当前系统的处理状况。产品设计本身也能传达积极的、确信的信息。当人们将产品买回家后组装时，需要安装起来的一个正确的咔嗒声，放电池进去时，可能电池间盖子的阻力让人感觉牢固、结构的稳定。通过声音、触感属性让人相信他们买了个牢固、可靠的产品。而 20 世纪 90 年代初，声学技术的发展使洗碗机工作时可以保持真正的安静。但因为这个机器是如此安静，人们常常猜想它可能根本不在工作，于是试图打开门检查一下机器里面是否有问题，导致洗碗机很快损坏。

（四）预防错误与容错性原则

无论是新手用户、普通用户还是专业用户，在实际行为过程中带有的很多因素都会导致出错，如视觉错觉、感知能力限度、容易忘记事情、无意识的操作错误、容易受情绪外界影响等。容错性应容许用户错误操作，降低由偶然动作和失误而产生的危害及负面后果。

在设计时，首先，要避免错误的发生，做到对不同元素进行精心安排，以降低危害和错误：最常用的元素应该是最容易触及的；危害性的元素可采用消除、单独设置和加上保护罩等处理方式；提供危害和错误的警示信息，如声、光等信息提示。有时，为降低用户使用物品的操作可能性，或者希望当用户的操作或使用不正确时，用户就不能进行下一步的动作，可设置一些限制性功能。例如，微波炉和电视机上的连锁装置，防止人们在未切断电源之前，打开微波炉的炉门或电视机的后盖。

其次，在错误发生后，降低由偶然动作和失误而产生的危害及负面后果，容许在错误发生后提供安全模式，并给用户提供补救的机会和复原的方法。

三、总结

一个优秀的系统离不开友好的人机界面，用户界面的好坏决定了用户使用系统的效率。机电产品人机界面的未来发展方向，必然会是易学易懂、简单实用的，给用户一个更加漂亮、友好、"傻瓜式"的界面。在统一而又不失变化的、美观的外观下，界面设计更是追求有用而又易用的功能，注重影响用户使用产品或者服务的感受，以及用户和产品建立的互动方式，包括用户如何理解、学习和使用产品。随着设计理念的深入人心，以人为中心进行人机界面设计逐渐成为主角，将用户时时刻刻摆在设计过程的首位，将用户的需求作为基本动机和最终目的，对用户的研究和理解应当被作为各种决策的依据，随时了解用户的反馈。人机界面设计原则所包含的因素极为广泛，在运用中要有侧重、有强调地把握。以人的目的和行动特点为主要依据，以用户的行动为设计出发点，寻找所需要的和所适应的工程原理以及技术可行性，充分地进行人性化设计。总之，未来的人机界面设计对研究和设计者提出了多方面的挑战，界面的设计将会在人性化的信息交流中不断变化发展。

解读人机界面的话语艺术①

在人机互动的过程中，使用者通过产品的显示与操控界面，与产品进行互动沟通与信息转换，从而达到完成任务的目的。需要指出的是，本文中的人机界面是广义上的人机界面，而不仅仅是计算机系统中的人机界面。它是人工物的内部环境（人工物自身的物质和组织）和外部环境（人工物的工作或使用环境）的结合②，分为功能界面、情感界面、环境界面三类，见图3-7。功能界面即接受物的功能信息，操纵与控制物，同时也包括与生产的接口，即材料运用、科学技术的应用等。这一界面反映着设计与人造物的协调作用。情感界面即物要传递感受给人，取得与人的感情共鸣。这一界面反映着设计与人的关系。环境性设计界面即外部环境因素对人的信息传递。任何一件产品或一件作品都不能脱离环境而存在，环境的物理条件与精神氛围是不可或缺的界面因素。这一界面反映着设计与环境的关系。可见，界面设计是结合了人的心理模式、文化、民族、科学技术等多重结构的信息表达和追求人机对话的一个产物，是信息的载体。如何组织和设计人机界面中的这些信息，让信息的最终归宿——来自不同文化背景的人易于理解并正确操作，是界面设计的核心，也是界面设计的根本所在。由于人机界面是人机交互的载

---

① 主要内容发表于《机械设计与制造》，2009 年第 12 期，已做较多修改。

② 赫伯特·A. 西蒙. 关于人为事物的科学［M］. 杨砾，译. 北京：解放军出版社，1985.

体，其应是"对话，而非独白"，具有一定的话语特性。语言是人类沟通的重要工具，人机界面作为一种特殊的语言向使用者传递各种各样的信息。因此，把话语分析的方法引入人机界面设计的功能性、情感性、环境性研究中，解读人机界面的话语功能架构、情感润饰和语境，将有助于设计师更好地理解与把握人机界面设计规则。

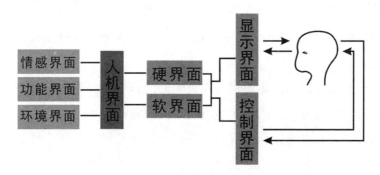

图 3-7　使用者与界面关系

一、话语分析与人机界面话语

话语分析指的是自然发生的连贯的口头或书面话语的语言分析，它关注话语之间的联系，揭示话语深层结构的语用意义和功能。通过对话语的宏观和微观研究揭示话语潜在的底蕴，发现话语的意义，并侧重于研究言语的功能和话语的性质、人们怎样使用语言来达到交往目的以及语言使用的其他各方面的问题。

对于言语的功能类型，不同学者有不同的划分。这里更倾向于澳大利亚语言学家 M. A. K. 韩礼德（M. A. K. Halliday）的说法，他在《作为社会符号的语言》（*Language as Social Semiotic*，1978）一书中把语言的功能概括为三种①：

<hr />

① 王铭玉，于鑫. 功能语言学 [M]. 上海：上海外语教育出版社，2007：16-19.

（1）达意功能（ideational function），这种功能由两部分组成：①经验功能（experiential function），即语言对讲话者的亲身经历和内心活动的表达功能。②逻辑功能（logical function），即对亲身经历中所取得的抽象的逻辑关系的表达功能。

（2）人际功能（interpersonal function），即语言对讲话者和受话者如何建立和维持一定的社会关系的表达功能。

（3）组篇功能（textual function），即语言既上下连贯又符合语境需要的功能。

人机界面话语，是比形式语句更大的语言单位，是在人机交互活动过程中的互动语言。人机界面话语应用人们熟知的、大众化的、通俗易懂的形式语言为沟通媒介，以凝练象征的视觉符号、听觉信号等语言传达界面信息，使人与产品顺利交流与沟通，以此实现产品的功能，同时通过人机界面展现企业形象，可以见得，人机界面与话语具有一定的共通性。

二、人机界面话语的功能架构

（一）人机界面话语的认知性

人机界面与使用者的关联在于交互活动、传达信息，从而实现产品的功能，并让使用者从操作的体验中体会到愉悦。产品的功能是第一性的，是人机界面设计中首要解决的课题，也是人机界面话语主体架构的关注重点。我们都知道设计是一种将抽象的设计理念转换成具体产品实体的过程，设计师依据其对产品的结构、材料、制造及使用状态的认识，将心中的产品形象予以具体化，赋予美学价值。而使用者通过系统（产品）表象这一渠道，即通过系统的外观、操作方法、对操作动作的反应，以及用户手册来建立思维模型。由于机器的使用者与设计者不在同一个时空里，无法进行直接交流，所以我们说，人机界面设计的实质是实现产品使用者与产品设计者之间的人与人的适时"在场"交流。较之与设计者面对面交流，如果系统表象不能清晰、准确地反映出设计模型，用户在使用这一"阅读"活动过程中容易建立错误的思维模型。① 因此，设计每一个产品时，设计师首先应当建立起用户模型，包含用户对产品的操作使用经验知识以及操作逻辑思想，以消除设计模型和用户模型之间的鸿沟，尽量避免用户的挫败感和失落感，以免用户对产品产生不良或抗拒的感觉。

人的感觉和判断能力有着国际性的、客观性的特征，产品中存在着共同性因素，它使全人类能做出同样的反应。要使人机界面符合使用者的心智模式，就应了解用户的一般认知规律。例如，在了解人的注意力是有限的情况下，界面设计应尽量避免同时对注意力过多竞争的设计，否则会超出认知处理器的处理能力，从而导致人体机器的失灵和故障。在设计时，首先，我们要有一个明确的目标信息，接下来确切地知道用户需要什么信息，只有用户想获得的信息与设计师想推出的目标信息一致，才能让用户更快地注意到你的信息。其次，信息的显示应当尽量简洁醒目，便于识别和执行；避免在界面上安排过多的信息，信息量过载会分散用户的注意力，使用户感觉混乱，影响使用，甚至引起紧张。同时，地域、文化、性格、教育等都会影响到人的认知模式，设计师也应对此有所了解，从而设计开发出面向目标市场的产品来。

（二）人机界面话语的传达性

在理解用户的认知后，就需利用产品语义学的内容来表达人机界面话语的功能，让人机界面本身成为"自明之物"。由于语义具有多元性，要以贴切的语言与使用者沟通，关键就在于界面设计所使用的元素与所表达的含义逻辑关系要缜密、严谨。通过对符号学的研究，解决界面设计中图形符号的信息识别和传达，带给人们方便和享受。在产品语

① 诺曼. 设计心理学 [M]. 梅琼，译. 北京：中信出版社，2003：196.

义传达中，如果没有意识到使用者的心理感受和期望值，那么，有效的语义传达将无法实现，造成人们认知上的障碍和困难。在界面设计时应提供以下五种语义表达①：形状含义，方向、相互位置含义，状态含义，比较判断含义，提示操作含义。通过人们已经熟知的形状、颜色、材料、位置的组合来表示操作，并使它的操作过程符合人的行动特点，同时提供操作反馈，使用户对产品的任何信息都能够能动地认识与把握。产品造型的隐喻影响了用户对产品功能的认知，如电熨斗的形状影响了人们判断熨斗熨烫的速度。熨斗的造型来自航海船只的速度隐喻，熨斗前端代表了龙骨——龙骨越尖锐，船只在水中移动速度越快，熨斗前端越尖，人们猜想它在衣服上移动速度越快。这种联系看起来几乎肯定是潜意识的。事实上，熨板前端角度尖锐，反而会降低烫熨速度。这个隐喻在熨斗业界中已经广为人知，当然，随着挂烫机的出现，使用方式的变化使电熨斗产品造型也发生了很大变化。声音作为一种隐式的自然交流方式，不需要特殊的学习、训练或者传播，就可以让用户具有身临其境的感觉，对用户的操作给予即时、适当的反馈。声音信号提供产品状态的信息，可能是产品在一特定状态结束时发出的声音，也可能是产品使用时持续变化的声音，可能为用户或其他人做出反应提供了线索。即使声学技术已经发展到如今的先进程度，完全可以制造一台很安静的强劲有力的扫地机器人，但为了体现它在"卖力"工作，仍会发出有力的声音。当然，如果纯粹从功能性角度着手来设计产品，则会使这种产品的多种特征性（如民族性、纯粹性）因素中性化而失去产品的个性特点。

（三）人机界面话语的安全性

人与人交往时，友好的、无攻击性的语言是成功的一半。要最有利地发挥人的工作效率，减少不利条件，就必须使其造型设计无论从生理

①　李乐山. 工业设计思想基础［M］. 北京：中国建筑工业出版社，2001：172.

上还是心理上都要满足人们舒适性和宜人性的要求。因此，在人机界面设计时，同样也需考虑到人机工程学因素。对于一件产品是如何来评价它在人机工程学方面是否符合规范，属于人性化的产品呢？以德国Sturlgart 设计中心为例，在评选每年优良产品时，人机工程上所设定的标准为①：（1）产品与人体的尺寸、形状及用力是否配合；（2）产品是否顺手和好使用；（3）是否防止了使用人操作时意外伤害和错用时产生的危险；（4）各操作单元是否实用；（5）各元件在安置上能否使其意义毫无疑问地被辨认；（6）产品是否易于清洗、保养及修理。在设计时，只有重视人的因素，量体裁衣，让人员操作使用起来得心应手，安全、舒适、高效、经济等诸方面才能得到保障。人们以往学到的技能和获得的知识会影响到产品使用的愉悦性和期望值。在确定产品解决方案时，要考虑相关产品的使用习惯。比如，汽车制造商想要在新车型中改变踏板的习惯布局位置显然是极不明智的。

三、人机界面话语的情感润饰

从语用学角度看，人类交际过程中不仅仅靠语言手段，还要有交际能力。人机界面是人认知产品的"切入点"，也是人操作、使用产品的"接触点"。它是企业的形象代表之一，因此具有一定的社交功能，要达到其功能，人机界面需具有以下特点：

（一）人机界面话语的审美性

美不仅是知觉的享受，更是价值的分享、态度的传达和观念启迪所带来的心灵快慰。美感的动机，起于同感。② 中国的传统文化偏爱温柔敦厚，美国的牛仔文化偏爱粗犷、豪爽，于是形成了迥然不同的语言审美观。信息时代，设计已经超越了形式与功能的关系，利用设计改善人

---

① 李梁军，黄朝晖. 创造人性化的物质世界［J］. 现代设计，2002（1）：29-30.
② 宗白华. 美从何处寻［M］. 济南：山东文艺出版社，2020：26.

机界面，消除界面的障碍，在产品实用、认知的基础上产生心理功能或精神功能。一个现代产品在开发完成了该产品的核心技术开发的基础上，应该根据该产品的市场定位、使用功能、结构形式，给产品设计一个漂亮的外观，并将各种元件、器件设计到适当的位置上，形成一个完整的、美观的、实用的、符合工业化生产的新产品。合理利用美学上的形式美法则，通过对界面的材料、结构、功能、形态、色彩等设计，满足人们感觉上的愉悦性。对称、均衡、节奏、韵律等形式美法则似乎都能在人机界面上找到相应的应用。获得 2021 年德国红点最佳设计奖的 Cowboy 4 电动自行车，完全集成电缆布线，刹车线为内走线设计，实现无缝车架。这款车内置扭矩传感器，可以感知用户的力度，来自动调节输出功率提供动力。同时搭载了智能系统，具有手机安装位置，结合专用 APP 实现导航、跌倒提醒等功能。车头前部还具有 LED 等，方便用户夜间使用。简约的造型、直观的操作、新颖的服务包为用户提供了美妙又轻松的骑行体验。产品的材料和工艺制约并创造了产品造型的独特形式。利用这些材料和工艺的不同特性，把它们有机组织在一起，使其各自的美感得以表现和提升，产生对比和调和的效果。具体产品见网址 https：//cowboy. com。

在交互上，除了利用视觉，还要充分利用人的五感来提升体验。通过触觉，人们能感受到事物的大小、材质、肌理及光滑程度等，唤起大量的联想记忆，给人以美的感受。我们每天无意识地接触物品存储了对物品材质肌理的触感。飞利浦 SkinIQ 剃须刀的抓握体验非常舒服，不仅仅因为它漂亮的有机形态，也因为产品主体的材料使用了橡胶样的硅材质，并配合亚光塑料表面处理。刀头部分采用超柔性悬挂系统，能 360 度全方位追踪脸部轮廓，附近百亿颗硅材质亲水颗粒，减少了贴面时的刺激，避免了疼痛、伤痕或切口。具体产品见网址 https：//www. philips. com. cn/。

产品也能带给人嗅觉愉悦与味觉愉悦。一些人能从新产品干净的

"技术"气味中获得愉悦,如一本新书或者一辆新车内的气味。电子产品中,已经在尝试采用食谱界面中散发出所制作的菜的香味,或者接收短消息时散发信息发送者选择的香氛。咖啡机散发出的咖啡味道,可能跟一系列设计问题有关,如水通过过滤网的速度、过滤之后咖啡保持的温度。事实上,现在许多咖啡机有可调的酝酿程序以满足用户不同的口味。

(二)人机界面话语的风格化

美国的政论演讲寓庄于谐,幽默、诙谐成分更多;中国的政论演讲庄重、严肃的色彩更浓。同样地,企业的人机界面也有各自的风格。同一企业的产品具有相同的识别要素,有一套切实可行的风格导向系统,我们可以称之为产品的 DNA。产品的风格是人们对产品共性特点的认知,通过产品的人机界面体现出来,让用户一眼就可以识别。① 产品识别是企业形象识别行为策略中的一支,具体的操作方法一般是在直观层次包括形态、操作界面、色彩、材质、用户经验及企业文化等方面形成企业独特的风格。产品形象的识别设计要产生效果,就必须能和品牌消费者产生共鸣,能造成与竞争对手的差异,反映企业组织能够和希望表达些什么。②

产品风格化受时代特征、国家文化特征、性别、年龄等因素的影响。有些产品因为反映了特定时代的价值观而大获成功,如 20 世纪 50年代,美国家具中采用"喷气时代美学"造型的成功,在产品中运用流线型。除了时代快速变化的趋势,国家根深蒂固的文化特征与价值也会在一定程度上影响到崇尚的特定的设计特征。日本的盆景设计往往在一株已死的植株之上嫁接新枝,体现生与死的对比,体现直面死亡,反

---

① 朱上上,罗仕鉴. 工业设计中产品族设计 DNA 探讨 [J]. 装饰,2007 (5):118-119.

② 艾克,乔瑟米赛勒. 品牌领导 [M]. 曾晶,译. 北京:新华出版社,2001:47.

思死亡的意义。而中国的盆景不会保留枯死的植物，在造型上体现的是中国文人追求的卓尔不群的气质。以往明显的女性设计可能被视为"保护"，男性是平面、强壮而独断的，女性则是装饰、柔弱、精致而敏感的。当妇女逐渐趋向于获得平等权利时，许多女性开始通过她们自己拥有的和使用的产品来表达自己的女性化。性别意识在家庭里得以建构，通过社会制度得以维护，并在文化符号中被表征。抽象的文化往往借助于物的形式得以反馈。① 在儿童产品设计中，真正顺应儿童天性发展的设计与消费应该采纳"去性别固定印象"的策略。中性或适度男性化的设计，反而最适合孩子发展身体、思维、艺术感知、动手技能等方面的能力与心理模型。比如，获得了 2021 年德国 iF 设计奖的 Sento 儿童浴室系列设计，该公司通过观察 3 到 5 岁和 5 到 6 岁儿童的厕所使用情况、如厕行为，考虑不同性别、不同年龄组喜好颜色、身高、膝盖高度尺寸，提供出色的设计多样性，使浴室成为一个安全友好的环境。具体产品见《设计》期刊特别策划：为儿童设计。② 与许多"新老人"相关的问题是抗拒被标为"老年人"，尤其是很多西方人，他们年轻时年轻是备受推崇的。这可能就导致这一辈人中许多人不太愿意变"老"或"上了年纪"。有这种态度的人就不太可能被传统上吸引年老一辈的"可感知"美学类型所吸引。他们可能享受兴奋、年轻、充满生气的美学，仍然非常具有时尚意识。这一现象在当前中国五十多岁的初老人群中也有所体现。

策略性的品牌分析能帮助设计师了解竞争者、品牌本身包括品牌背后的企业、文化背景与时代特征。随着市场产品竞争的日益加剧，设计师必须确定将风格融入具体的设计中，其格调与色彩能适合时代的趋势，符合目标用户的需求，并完美地将它们与功能性因素结合在一起，才能在激烈的市场竞争中立于不败之地。

---

① 张黎. 功能追随性别：儿童玩具设计的性别身份映射［J］. 装饰，2015（6）：14-20.
② 《设计》编辑部. 为儿童设计［J］. 设计，2021，34（12）：22-54.

（三）人机界面话语的情感化

国内学者对于情感的定义大多引用于《心理学大词典》，将"情感"解释为一系列主观意识经验的统称，是人对客观事物是否满足自己需要而产生的态度体验。① 情感具有三种成分：（1）主观体验，即个体对不同情感状态的自我感受；（2）外部表现，即表情，在情感状态发生时身体各部分的动作量化形式；（3）生理唤醒，即情感产生的生理反应，是一种生理的激活水平，具有不同的反应模式。唐纳德·A.诺曼在《情感化设计》一书中，将设计活动分为三种维度："设计的三种起始要素在于'本能的''行为的'以及'反思的'"，他强调，"本能设计关注外形；行为设计与使用的乐趣和效率有关，而反思设计则需要考虑产品的合理化和理智化"②。书中所谓的"反思设计"即人的某种感情，在对产品接触和使用的过程中被唤醒，并向外延展。这种感情的信息传达存在着确定性与不确定性的统一，这一界面反映着设计与人的关系。这里，笔者所指的情感化人机界面有别于智能化人机界面。智能化人机界面能理解用户的情绪和意图，对不同用户、不同环境、不同任务给予不同反馈和支持，是人机交互研究中的新热点。而笔者的情感化人机界面是重视其可用性，重视其与使用环境是否和谐，与用户建立长久的感情纽带。如果我们的设计不能给我们带来乐趣和快乐，兴奋与喜悦等多样性的情感，我们的设计从某种意义上讲就是无意义的。一件作品不仅仅是二维或三维的立体，更包含情感与思维认识的演变。产品界面的情感化设计可以用创新的外形、大胆的色彩、适宜的材料、特定的语意等来体现。另外还可以给产品起一个人性化的名字，

---

① 袁铭润，许斗，张研. 机器人及人工智能类创新教材：智能人机交互技术［M］. 哈尔滨：哈尔滨工业大学出版社，2022：34.

② 诺曼. 情感化设计［M］. 付秋芳，程进三，译. 北京：电子工业出版社，2005：1-30.

给予产品情趣化，让人浮想联翩。获得 2021 年德国 iF 奖的 Piggy 压缩式雾化器，为孩子患呼吸道疾病的父母提供帮助。不同于许多医疗器械对于孩子而言是丑陋的和令人恐惧的，该产品为儿童患者营造一种游戏感和舒适感，功能（如开关按钮，充电插座和携带标签）与动画"猪"的友好特性（如眼睛、鼻子和尾巴）集成在一起。具体产品见《设计》期刊特别策划：为儿童设计。①

　　在选择使用或购买一款产品而不是其他，经常代表了一种"社会理念"，如环保理念、尊重他人理念、友善理念等。这些属于社会性规范，不同文化又各有所异，背后的原则就是尊重他人和自然。环境爱护者倾向于避免使用破坏环境的材料，喜欢对环境更安全的产品。获得 2021 年德国 iF 奖的 Allbirds 为 Tree Dasher 跑鞋设计的包装鞋盒 100% 由可堆肥纸浆制成，适合所有鞋码，集鞋盒、购物袋和邮递包为一体，方便使用。具体产品见网址 https：//zhuanlan.zhihu.com/p/391699024。Allbirds 将环境与利益相结合，将可持续发展的理念视作企业成功的基石，目标人群就是关注环保的忠告收入人群，以"天然"和"舒适至上"作为制作理念，创新地利用蟹壳、羊毛、桉树和甘蔗等原料，让制品性能优于聚酯纤维等人造化学材料的产物，强调"碳排放量"跟踪，降低了产品的碳足迹，做到将环保理念践行到底。

　　对他人的尊重体现在基本的友善，如微信的朋友圈评论只有点赞，没有点逊，Instagram 推出"隐藏不当评论"的按钮，有利于建设友好和谐的网络环境。而技术上炫酷一时的谷歌眼镜并没有取得广泛的市场认可，除了可能侵犯他人的隐私，在使用时需要语音激活设备，无疑会引人尴尬。

　　对弱势群体的尊重体现在避免用户产生羞愧感的设计。一些人避免使用拐杖和助步器，因为那些看起来像医疗设施，而好设计能使帮助器

---

① 《设计》编辑部. 为儿童设计［J］. 设计，2021，34（12）：22-54.

材兼具美学与功能，从而更具有吸引力。Novopen 胰岛素注射器看起来一点都不像传统注射器，而是设计得像笔一样，可以很方便地夹在夹克或裤子口袋里，降低了个人状况的药物属性，避免了所有毒品的联想。而获得 2019 日本 Good Design 的 Ontenna 听觉装置，可以夹在听觉障碍者头发、耳垂、衣领或袖口等处，卓越的创意、美丽简约的产品造型，通过光和振动表达声音，跨越国境、年龄的界限，扩大了人与人之间联系的可能性。具体 Ontenna 听觉装置产品见 https：//www. sohu. com/a/371785787_ 120521462。

四、人机界面话语的语境

语境是推断话语含义的关键因素，话语用于比较特殊的语境时，会被赋予特定的言外之意。任何产品或平面视觉传达作品或室内外环境作品都不能脱离环境而存在，环境的物理条件与精神氛围是不可或缺的界面因素。环境的物理条件对人机系统的工作效能有很大影响，人机系统对环境也有具体要求。设计者应该考虑到什么作业环境有助于建立人机系统的和谐关系，考虑在某种特殊环境中，需要什么样的装置保证操作者的安全、健康和高效工作等。就"机"即产品而言，毋庸置疑，很多机器对环境有要求，如不能高温、不能潮湿、不能有粉尘，这些因素都会影响机器的寿命，影响其功能的发挥。同时，在人机界面设计中，设计师不再仅仅单纯地诠释人机之间的信息转换，而是把自我置身于人机界面的客体情境中并亲自感受这个过程，构筑起使用者的心理空间和想象空间，形成以人机界面为辐射源的语场环境。例如，一般在户外工作的机电产品，应强化产品的色彩与不同外部环境背景的色彩对比，使其更加引人注目，达到警示效果，减少事故的发生。要更好地使界面设计活动超越浅层次的"感觉"及"自发的"意识，就要使其在环境中彰显其特定价值。

在任何特定情况下，用户的情绪反应类型可能依赖于产品使用的情境。比如，有些产品在用户早已高度兴奋的情况下使用的，而有些是在用户放松甚至疲劳的情况下使用的。有时一件产品可能会通过加强早已存在的情绪提供愉悦，而有的则用来平衡现有情绪。温馨的颜色有时甚至能降低犯罪率，如日本水野学先生在进行日本东京高速公路车祸减量计划"TOKYO SMART DRIVER"的标志物设计时，采用了粉色，因为他看到电视节目中"美国的监狱里，使用了粉色监狱服后犯罪们的再犯罪率大幅减少"的信息。①

　　社会联系是在决定一个人的社会特征中起到非常重要作用的一方面。一个重要问题是人生活的环境。是生活在一个大家庭还是独居？如果是爸爸、妈妈和孩子一家人居住在一起，产品会被不同的人使用和看见，就可能采用更中性的设计美学。如果只是一个人使用的产品，那用户可能认为产品的选择是展现他或她自己个人品位的机会。比如，小熊家用电器的目标用户是独居的年轻人，功能上符合独居人群的需要，容量更小，在造型上更加年轻态，更可爱。

五、总结

　　人机界面设计过程中受诸多因素影响，将话语分析这一新兴理论与人机界面相结合，可以使设计师了解话语结构，领会人机界面规则，掌握产品设计策略，把握功能、情感、环境界面的协调统一。人机界面设计要建立在正确、系统的事实和数据的基础上，清晰、准确地传递信息，简易、方便地实现功能，易被理解和感知，能以理服人，以情感人。只有一个易学易用、富有激情的人机界面，才能提供给用户和谐的操作体验，让用户能够全身心地投入操作活动中，而不会受到外界的干扰，人机之间才能实现更好的互动。随着中国经济的发展，人们的需求

---

① 水野学. 创意黏合剂：日本设计大师水野学的创意养成训练 [M]. 张惠佳，译. 北京：电子工业出版社，2016：126.

也在不断变化。从开始的只关注产品是否便宜，到关注产品的性价比，到开始追求身份认同感和成就感，甚至到现在不少人开始追求能否引起共鸣，尤其是 Y 世代和 Z 世代。品牌要快速适应新生代的消费逻辑，积极调整品牌策略，让渡主导权。

机电产品人机界面的语义传达研究[①]

　　机电产品作为机械与电子结合的产品，其人机界面不仅要考虑到计算机显示的软界面设计，也要考虑到传感器、机械机构、执行机构这些硬界面的人机界面匹配与语义传达。然而，有些产品的界面却设计得晦涩难懂、难以学习、难以操作，极大地阻碍了用户正确使用产品，这样可能导致用户对产品的满意度降低，最终放弃使用该产品，有时还可能造成无法弥补的损失。造成这种现象的根本原因在于设计师与用户之间的认知差异。设计师依据其对产品的结构、材料、制造及使用状态的认识，将心中的产品形象予以具体化，并赋予美学价值。而使用者通过系统（产品）表象这一渠道，即通过系统的外观、操作方法、对操作动作的反应，以及用户手册来建立思维模型（见图3-17）。因此，用户首先通过产品的外观形态来考虑其功能或动作含义，产品的外观可以向使用者提供关于产品的固定方式、安置方式、物与物相对位置方面的信息；可以向使用者提供关于当前工作状态方面的信息；可以提示使用者正确的操作方法和操作步骤。产品语义学就是研究围绕产品形态这一设计焦点而形成的一门设计理论。由于产品形态是人机交互的载体，其应是"对话，而非独白"，具有一定的话语特性。产品语义学就是将研究语言的构想运用到产品设计上而产生的，它研究设计对象的含义与符号象征以及在什么心理、社会和文化环境中使用。在设计方法中，它把产

---

　　① 原文发表于《机械设计与制造》，2009年第12期，有修改。

品的象征功能与传统的几何、劳动学和技术美学结合在一起，采用比喻和语义方法来进行产品设计。① 许多学者和设计师认为产品形态在传达的过程中应具有外延和内涵两个层面的意义：外延型语义是与使用目的、操作、功能和人机要素等密切相关的；内涵型语义是与对产品感性的认知有关，主要包括感受、感觉、情感等心理及生理的反映，反映出心理性、社会性、文化性的象征价值。② 本文从产品语义学的角度来分析机电产品的人机界面如何进行功能信息的传达，如何赋予产品情感特征，以使产品功能操作语义直观清晰，使产品更具人性化，这将有利于提高人机作业效率，降低事故发生率，提升产品形象。

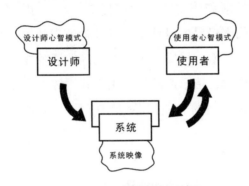

图 3-17　思维模型的三方面

一、机电产品人机界面语义学分析

产品语义学产生于技术制约解放和操作黑箱化的大背景下，其目的是让产品具有一定意义上的不言自明，使使用者更容易理解产品的功能和操作，同时使使用者产生一定的情感认知，即使产品富有情感。③ 在人机互动的过程中，使用者通过产品的显示与操控界面，与产品进行互

---

① 汪晓春. 产品设计中界面的隐喻 [J]. 装饰，2005 (1)：16-17.
② CRAIG J C. Creating Breakthrough Products-Innovation from Product Planning to Program Approval [M]. New Jersey：Prentice Hall PTR，2002.
③ 林家阳. 设计教育随想 [J]. 艺术与设计，2005 (15)：56-97.

动沟通与信息转换，从而达到完成任务的目的。需要指出的是，本文中的人机界面是广义上的人机界面，而不仅仅是计算机系统中的人机界面。它是人工物的内部环境（人工物自身的物质和组织）和外部环境（人工物的工作或使用环境）的结合①。人机界面与使用者的关联在于交互活动、传达信息，从而实现产品的功能，并让使用者从操作的体验中体会到愉悦。机电产品作为高技术的产物，其复杂的功能操作需要产品语义学作为理论指导，从而达到在生产中提高效率，保障安全、健康和舒适的目的。同时，操作者每天面对庞大复杂的机器，情感上容易产生烦躁孤寂之感，在设计中适当运用产品语义学，减少高技术产品的冷漠感，使用户在接触和使用产品的过程中，产生相同的文脉和情感认知。在机电产品的人机界面设计中，设计师就需敏锐地洞察和理解消费者对尺寸、色彩、造型、材质、操作方式等的感觉或意象，将这些要素组织转化为设计要素，暗示产品的使用方式，体现产品的人情味。下面将从机电产品人机界面的功能传达与情感反映两个层面来分析其语义设计。

二、机电产品人机界面的功能语义传达

（一）建立功能语义传达目标

产品语义学从某种程度上讲是"形式表现功能"或者"形式传达使用状况"，通过产品的形式来传达产品使用问题。产品的功能是第一性的，是人机界面设计中首要解决的课题，也是人机界面语义传达的关注重点。因此，明确每一构件的功能是建立语义传达的第一步，通过功能分析，系统地考虑机电产品需传达的语义。对于功能复杂的产品，根据语义学的方法还要区分出主要功能和次要功能，并且分析功能之间的

---

① 赫伯特·A.西蒙.关于人为事物的科学 [M].杨砾，译.北京：解放军出版社，1985.

关系，以寻求更加便于认知和操作的解决手段。

对机电产品来说，其人机界面包含众多要素，但总的来说，主要涉及显示器、操纵器、工作台、工作椅四大构成要素（见图3-18）。其中跟人的使用操作语义传达密切相关的是显示器、操纵器、工作台三大构成要素，显示器要突出显示部分，让人容易看清并理解相关信息；操作器应让人一看便清楚明白怎么操作；工作台上操作器、显示器的排布合理，符合人的特性。

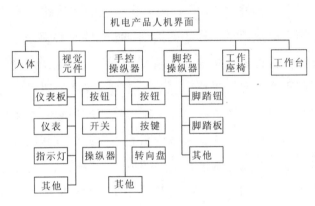

图3-18 机电产品人机界面的构成要素

（二）功能语义传达的方法

在产品使用这个特定的语境中，产品形态包含的每一种形状、颜色、肌理之间的任意组合关系传达出特定的心理学意义。设计师若合理利用这些产品形态本身具有的天然符号属性，就可以获得恰当的语义传达目标。实践证明，使用者习惯凭直觉、经验以及相关的视觉线索来分析判断如何操作产品。因此，在功能语义传达设计的时候，可以依据这三点来考虑人机界面的设计。设计师可以利用物理环境类别和文化标准理念设计出让用户一看就明白如何使用的产品。例如，显示器与控制器在空间位置上的直接对应关系，就能成为正确的人机互动关系。又比如，升高表示增加，降低表示减少，数量多表示声音高，等等。设计师也可通过人们已经熟知的形状、颜色、材料、位置的组合来表示操作，并使它的操作过程符合人的行动特点①，同时提供操作反馈，使用户对产品的任何信息都能够能动地认识与把握。例如，圆棒形的汽车换挡杆，给人以可被握取推动的暗示；圆形的汽车方向盘，给人以可以旋转的暗示；尖而窄长的锥形给人以可用来刺穿他物的暗示；形状大小不同的圆柱形按钮也给人不同的寓意，带有棱边的暗示可旋转，不带棱边的则往往暗示可滑动，像 IDEO 设计的电子书上的大按钮鼓励用户放心使用，而像机箱上的热启动那样小的按键则暗示要小心慎用。又如红色表示禁止、停止；蓝色表示指令必须遵守的规定；黄色表示警告和注意；绿色表示工作正常、允许进行；等等，在设计操作器时可充分利用，使产品不言自明。设计师还可在产品上添加适当的视觉线索来提高产品的易理解性，如指示灯、引线、文字说明等，或者可以利用人的联想、想象力，采用仿生、隐喻等来进行功能的传达。多眼燃气灶通过灶眼与开关之间的连接线，使用户一看便知开关与灶眼的对应关系。又如美国空军的操纵器在形状编码时就对功能有所隐喻，"着陆轮"是轮子形状的；飞机即将着陆时为了很快减速，原机翼、机尾上的有些板块要翘起来以增加空气阻力，"着陆板"便具有了相应的形状寓意。

三、机电产品人机界面的情感表达

（一）确定产品的情感设计的定位方向

设计的感性因素是人对产品的心理感觉和反应，它是建立在认知心理学上的一种认知判断，人们结合自身的文化、技艺、经验和历史背景等因素使这种感觉上升为一种较高级的情感。在设计时，首先要明确产

① 李乐山. 工业设计思想基础［M］. 北京：中国建筑工业出版社，2001：172.

品的感觉意象，如坚固的、豪华的、靓丽的等。

机电产品面对的用户往往是一些青壮年男性，文化程度多为大专及大专以下，性情较为开朗，但容易抱怨作业环境枯燥无味，希望有活力、有生机的工作氛围。由此机电产品的情感意象可定为舒适的、有活力的、亲切的等。

在用一些形容词表达体验属性时，应充分考虑不同经验人群对产品体验属性感受的不同。比如，一辆摩托车最高时速为150公里，这是摩托车的正式属性，能被客观量化。而从体验上讲，这样的速度可能被看作"快"，也可能被看作"慢"，完全依赖于驾驶者驾驶摩托车的经验以及所处环境。同样，一个装饰了维多利亚时期图形的产品，不同人的观感是不同的。有些人可能将这种"装饰主义"看作传统的；有些人认为是过分讲究细节的；有些人认为是陈旧的；有些人认为是吸引人的。"装饰"不是像摩托车时速那样可被量化的属性，其感受性依赖于使用产品的人。

（二）机电产品人机界面的情感化设计方法

由于产品造型设计的材料、语言、工艺技能的运用和丰富创意，把人类的需求、情感、精神变为一种可感、可知、可触、可用的物质形象创造。① 产品外观的三大要素为：形、色、质，同样，为达到人机界面的人性化、情感化，也可从这三个角度进行设计。

1. 从造型方式变化的角度

在产品造型中，尽管评判标准不一，仁者见仁，智者见智，但仍有一定规律可循。例如，可采用仿生、卡通、抽象形态，这些形态更接近于生活形态与自然形态，可以激发人们对产品的各种联想，能让人在情趣与韵味中释放生活工作中的精神压力。像汽车前脸常采用仿生设计，各种品牌的汽车已经形成了自己的家族脸谱，创造了汽车的"脸谱文

---

① 柳冠中. 工业设计学概论［M］. 哈尔滨：黑龙江科学技术出版社，1997.

化"。比如，上汽集团的 MG Cyberster 敞篷车的车灯就如一双细长的丹凤眼，看起来妩媚动人，八面玲珑。

2. 从材料与工艺选择的角度

产品造型设计中的材料和工艺性，制约并创造了产品独特的工艺制作美和材料美。材质本身所具有的肌理、质感、特性，特别是触摸上去的感觉能使人产生强烈的情感共鸣。如铸铁，给人以粗糙、坚硬之感；氧化铝，给人以朴实、含蓄之感；钢材，给人以深厚、沉着、冷静之感；塑料，给人以光滑、细腻、轻便、廉价、时尚之感；有机玻璃，则给人以通透、明亮之感。不同的加工工艺也带给用户更加丰富多彩的视觉风格体验，像电镀有镜面般的光泽感；铸造有厚重感和质量感；磨削有精细光滑的光泽感；美术条纹漆，给人以隐现、亲切、柔软、调和之感。在造型设计中，我们利用这些材料和工艺的不同特性，把它们有机组织在一起，使其各自的美感得以表现和美化，产生对比和调和的效果。制造产品的材料环保也已经是构成体验愉悦的重要因素，成为用户考虑购买的原因之一，像采用可降解塑料受到尊重与欢迎，而金属、木材等贵重材料在产品中回归了。

3. 从色彩运用的角度

色彩能直接诉诸人的情感体验，它是一种情感语言，最能反映人们喜怒哀乐的视觉要素，色彩能对人们的视觉、味觉、触觉产生强烈的刺激作用。[①]

在满足产品的形态功能要求的同时，合理的产品配色不仅具有审美性和装饰性，而且还具有重要的象征意义。一般情况下，决定产品色彩的三要素是色调、色相和对比度。其中，最重要的是色调，即使是同一个产品，当色调发生变化时，产品也会展现出截然不同的风格。暖色调让人感受到亲和力、较温馨和自然，冷色调给人以神秘感和未来感，令人浮想联翩，中性色调平爽、清洁、朝气蓬勃，令人心旷神怡。色相的

---

① 李月恩，王震亚，徐楠. 感性工程学 [M]. 北京：海洋出版社，2009：113.

表现较为直接，可结合色彩的性格特征来分析，如红色热情、白色纯洁、银黑两色稳重、蓝色冷静、紫色高贵神秘等。国内常见的机电产品喜用蓝、白、灰三色，认为能体现机电产品的精确、科技之感，近年来红色、橙色等鲜亮活跃的颜色也运用到了机电产品中。而对比度大的产品给人活跃个性之感，对比度小的产品给人以温馨和谐之感。机械设备由于一般都比较笨重，且用户面对时间较长，故主色调多采用刺激性小的中性含灰色系，总体对比度也不大。一般机床设备的底座、床身、立柱等大件，宜用沉重、坚实的色彩，如明亮的浅灰色系，使人感到稳定可靠；而工作台、溜板箱、滑块等零件，往往处在人经常工作的部位，宜采用浅些的色彩，以解除人的沉闷感和压抑感，而显示操作部位则应采用带有亲切感和识别性的醒目色。① 有时利用色彩创新能增强产品的新颖性，并形成一定的艺术风格。像图 3-23 中的 DMC 1035V 立式加工中心就一改机电产品惯用的白、蓝、灰，而采用沉着、朴实、纯度不高的白、灰、浅绿，点缀以亮丽的色彩，单纯而不单调，沉静而不沉闷，这样的用色温馨、含蓄、耐看，既反映数控机床的功能特征，又可以使操作者在使用中感到环境舒适，机器亲切，从而精神愉快、情绪稳定地工作。

在满足产品的形态功能要求的同时，合理的产品配色不仅具有审美性和装饰性，而且还具有重要的象征意义。比如，在西方黑色被看作与地位和精致相关的一种颜色，一般用来载显要人物的豪华轿车几乎不可避免地采用黑色。"黑色"的正式属性与体验属性"高地位"和"精致"联系起来。

四、总结

一个好的系统界面应易于学习，易于操作，大大降低用户出错的可

---

① 夏敏燕，王琦. 机电产品的配色美学［J］. 上海电机学院学报，2007（4）：272-275.

能性，让用户能方便自如地操纵产品，对产品形成好感，并乐于探索产品更多的功能。同时，产品的人机界面也应是人性化的，能弥补科技发展所带来的情感空洞。要设计一个清晰易懂、宜人的机电产品人机界面是相当困难的，从产品语义学的角度来寻求产品人机界面的诉求方式，具有一定的可行性。同时，除了漂亮宜人的外观，在交互角度思考产品人机界面的宜人性，从视觉、听觉、触觉、嗅觉、味觉五感直接或间接地传达产品语义，传达产品制造商特征，建立起产品和用户之间的情感联系。

数控机床设计中的风格塑造①

　　机电产品集应用机械技术和电子技术于一体，其出口占我国出口产品总额的半壁江山。随着原材料价格上涨，贸易摩擦频繁，招工困难，机电产品必然要从设计上提升产品价值。然而在产品形态上，有不少技术上成熟的产品由于过去不重视设计，在整体形象上缺乏认真的考虑，无论外观形象还是设计理念均严重滞后于国际潮流，多给人"笨重、庞大、粗糙、精度低"的感觉，很少给人美感和精密度②。就设计师而言，通过驾驭产品设计的视觉要素——造型、色彩、文字、肌理等刺激消费者的不同感官，给予人们美的联想和感受。通过人机界面交互设计，给予人们美的使用体验。设计作为一种艺术的造物活动，其本质是"按照美的规律为人造物"。如贯彻对立与统一、比例与尺度等造型设计法则，从而获得风格统一、比例协调的机床造型。然而在审美的"好恶"之间，存在着一个无限广阔的表述空间，正所谓萝卜青菜各有所爱。只有超越简单好恶的评判尺度，才能创造出耐人寻味、更有丰富内涵和吸引力的形象③。

　　① 原文发表于《包装工程》，2012年第4期。

　　② 王继成. 型机电产品的工业设计改造 [J]. 工程图学学报，2003 (2)：137-142.

　　③ 付桂涛，陈思宇. 形而上之道——基于视觉心理的产品造型设计 [J]. 装饰，2007 (10)：98-99.

一、数控机床人机环境分析

设计师是舞者，在进行所谓的"戴着锁链的舞蹈"——设计行为时，在技术、材料、制作方式等限制中，需要打开视野，运用设计创意的第二语言特征的表述来寻求不同寻常的解决方案。数控机床作为一种机电产品，是精密的仪器设备，在设计上要体现出精度、强度、耐久性。其主要使用对象是年轻的男性，作为高级蓝领，他们有自己的审美诉求，由此在造型上要符合目标用户的审美偏好，一般要体现出阳刚、硬朗、稳重之美。其使用环境是在工厂，装修风格往往注重简洁、实用和高效，通常使用大面积的灰色、黑色和白色等中性色调，突出工业化的氛围。对产品设计而言，不能一味追求产品功能的强大，一味追求产品的一维品质。更重要的是从对用户的需求以及满意度入手，提升产品的魅力品质①。数控机床主要通过自身特定的语言和符号，如形态、色彩、质感等视觉要素整体来进行产品的风格塑造，在产品的明暗、冷暖、曲直、虚实等矛盾关系中形成观者的视觉心理张力，并注重产品的人机交互，形成产品的气场。

二、数控机床风格塑造手段

（一）运用直线表现阳刚

不同于几何学，在设计中，线不仅有位置、长度、方向，还有宽度，更是有生命、有感情、有象征性的形式语言。单纯的线型本无情感，只是人移情于它，才有了感情。基于形态图式的层面，直线几何型被赋予工整、冷静、严肃的秉性，而曲线则具有活泼、自然的个性。

数控机床造型应以给人阳刚和高品质的感性认知为前提，直线给人

---

① 汤洲，刘卓. 产品设计中的产品魅力品质创造［J］. 包装工程，2011，32（2）：
112–115.

以力度和稳定感，具有男性特征，符合加工中心高精度、高速度、高效率的特点，是一种符合男性审美需求的造型基本元素。机床越大，硬朗的特质就越明显，譬如很多作为"母机"的重型机床（生产数控机床的机床）。数控机床中，外罩造型是影响整体造型风格的最重要因素，其造型的视觉冲击力和表现力直接影响人们对机床的第一印象乃至最终评判，其造型多以直面、直线为主，面与面的过渡处理采用转折或小倒角等较为强烈的硬连接，给人规整、均衡、庄重的感觉，突出产品的"阳刚之气"。以斜面为主的造型，其面与面之间的转折变化较为丰富，给人以有生气、活力、轻巧的感觉。

当然，并不是说数控机床就不能大量采用曲线表现热情奔放、优雅婉约的感觉，但是由于生产数量较少，开模成本的限制，采用像 BMW 3 Series V 那样汽车雕塑化的风格的处理方法还是比较少的。在数控机床门、观察窗、把手等关键部位的处理上，现在的趋势是越来越多地采用曲线、曲面和一些不规则矩形，给人圆润、流畅、活泼、亲切的感觉，以满足机床造型风格多样化的需求。总之数控机床的形态设计应保证统一为主，给人以稳重理性之感，同时在统一的基础上力求变化，形成曲直、虚实、正斜等形态对比，令观者的视线游移在这种变化中，感知产品的力量，形成动静结合和刚柔相济的视觉感受。有的数控机床，采用了如钻石切角的方式，避免了过于僵直的造型，令人感受到鬼斧神工的力量，不由自主地被它吸引。有的数控机床，通过"Z"形控制面板、把手、机身表面的金属条纹来活跃造型，形成了产品的张力，而且也成为该公司产品的识别特征；其他平行的产品系列中也延续了这样的"Z"形风格。

（二）运用冷灰色调表现硬朗

色彩能直接诉诸人的情感体验，最能反映人们喜怒哀乐的视觉要素，"挑逗"人的感觉神经。在满足产品的形态功能要求的同时，合理的产品配色不仅具有审美性和装饰性，而且还具有重要的象征意义。黑色庄重、成熟、高贵，白色洁净、明朗、简洁，灰色沉着、平易、朴素，蓝色严谨、理智、沉静，这些颜色的"性格"符合人们对于数控机床科技与机械的感受，比较适合男性硬朗、理性的气质，成为主体用色。

在具体设计时，一般数控机床的底座、床身、立柱等大件，宜用黑、深灰、蓝等刺激性小而又沉重、坚实的色彩，使人感到机床稳定可靠；而工作台、溜板箱、滑块等零件，往往处在人经常工作的部位，宜采用较为明亮的浅灰、白色系，以解除人的沉闷感及压抑感；局部可考虑用一些男性比较喜欢的颜色如明快、柔和的浅灰、灰绿、黄绿灰色系作为调和，以避免用色上的雷同，而显示操作部位则应采用带有亲切感和识别性的醒目色。总之，在用色上应符合形式美法则，以色助形，"形色生辉"，吸引人的视线跟随。德国德玛吉 DMG CTX beta 1250 TC 车铣复合加工中心，色彩采用沉着、朴实、纯度不高的白、灰、浅绿，点缀以亮丽的色彩，单纯而不单调，沉静而不沉闷，这样的用色温馨、含蓄、耐看，既反映数控机床的功能特征，又可使操作者在使用中感到环境舒适，机器亲切，从而精神愉快、情绪稳定地工作。为产品进行前瞻性的色彩设计方案时，除了对产品地域性和流行性的影响有适度的把握外，也不能忽略对影响未来的产品色彩趋势的其他因素的把握[①]。现在不少企业尝试用红色、橙色、紫色等较为热烈的颜色吸引用户的注意力，创造一种敢于突破、敢于创新的形象。日本天田 AMADA 的数控机床，利用红色打破了造型简洁的沉闷感，成为产品的亮点。但需要注意的是，这些颜色适合小面积使用或用在较少接触的全自动设备上。

（三）运用金属材质体现精度

材料除了有其自身存在的价值与色彩、形态外，并蕴含着许多的可

---

① 张凌浩. 产品色彩设计的整合性思考［J］. 包装工程，2005，26（6）：163-165.

塑性和文化内涵，亦是设计师与用户交流的形式语言之一。自古中国就有"人养玉，玉随人"的说法，表明了人与材料的亲近关系。材质本身所具有的肌理、质感、特性，特别是触摸上去的感觉能使人产生强烈的情感共鸣。不同的材料给人不同的触觉、联想、心理感受和审美情趣，如金属的坚硬富丽，塑料的柔和亲切，木材的轻巧自然，玻璃的清澈光亮。不同的加工工艺也带给用户更加丰富多彩的视觉风格体验，像电镀有镜面般的光泽感；铸造有厚重感和质量感；磨削有精细光滑的光泽感；美术条纹漆，给人以隐现、亲切、柔软、调和之感①。在造型设计中，利用这些材料和工艺的不同特性，把它们有机组合在一起，使其各自的美感得以表现，产生对比和调和的效果。数控机床作为一种现代机电产品，在材质选用上多采用金属材质，如铁、不锈钢，主要材料选择钣金，其加工主要由冲压工艺完成，能形成较为理性和刚直的形态，给人的感觉是现代、轻快和挺拔。局部采用工程塑料，如观察视窗、把手、操控面板等与人接触互动的部位，体现了温和性。

（四）注重产品的可用性表现亲和

美不能仅仅是空具皮囊的绣花枕头，更应该成为内在美的体现。作为表述文本的造型实体，数控机床设计如果缺乏内涵，注定只是空具形态的空泛、刻板的躯壳。由于私营企业大量涌现，数控机床的使用对象有不少是经过短期培训的农民工，用户发生改变，对机器的人性化设计提出了更高的要求。尽管科学技术在发生着快速的改变，一月又一月，一年又一年，但人类的行为和文化的变化则需要数十年的时间，而生理特性的改变则要数千年②。数控机床的设计，不仅要考虑计算机显示的软界面，也要考虑到传感器、机械机构、执行机构这些硬界面的人机匹

---

① 夏敏燕，汤学华. 机电产品人机界面的语义传达研究 [J]. 机械设计与制造，2009（12）：263.
② NORMAN D A. 未来产品的设计 [M]. 刘松涛，译. 北京：电子工业出版社，2009：153.

配，符合易学性、一致性、便捷性、容错性原则。也就是，为了方便新手用户学习、理解，提醒普通用户回想起遗忘的知识和规则，人机硬界面需使产品形态清晰地指示其功能操作，在软界面上提供帮助文件和实时提示信息和反馈来帮助用户尽快学习与掌握。由于普通用户和专业用户都面临着产品的升级换代引起的人机界面改变的问题，因此，为使用户将已有的知识和经验传递到新的任务中，更快学习和使用系统，人机界面应尽量保持一致。人机界面应尽量减少所需步骤，使用户更快捷地完成任务。人机界面应首先能避免错误的发生，对不同元素进行精心安排，以降低危害和错误，在错误发生后，需提供危害和错误的警示信息[1]。这样的产品就像一个伙伴，一个好哥们，智能实现用户的目标。

三、中国特色的数控机床风格塑造

在产品风格走向上，数控机床的设计，亦如其他类型的产品一样，德国设计"稳重、理智"、注重品质，严谨而又高贵；日本设计细腻、含蓄，精打细算；美国设计宽阔豪放；北欧设计朴素实用……中国设计又是怎样的风格呢？中国男性的细腻、柔和、坚韧、睿智的气质、神韵之美如何体现呢？数控机床设计中，在线形塑造上，是否可从中国传统家具和建筑中吸取创意手法，采用诸如条纹漆呈现雅致的线条感，利用各种直线与曲线之间的不同组合塑造刚柔相济、流畅舒展、富于节奏感和韵律感的艺术效果呢？或者在色彩上采用中国人热衷的红色呢？例如：沈阳机床有限责任公司的 HMC，VMC，HTC，新 CAK4 个系列数控机床就尝试用红色条形点缀，与标识、型号中的红色遥相呼应，给人以亮丽活力之感，又不失稳重，形成了良好的品牌识别。在一代又一代的数控机床的"浸润、碰撞、淘洗、筛选"中，必将走出一条中国特色的数控机床设计风格之路。

---

① 夏敏燕. 基于认知控制模型的机电产品人机界面设计［J］. 包装工程，2009，30（11）：140-142.

四、结语

需要指出的是，笔者所提出的各种塑造数控机床造型风格的手段，并不是什么设计范式，只是唤起用户在感性认知上产生一种绝大多数的认同，从而产生感观和心理上的愉悦，最终产生购买的欲望。"共鸣是形式的灵魂，只有通过共鸣，形式才得以生存，并且由里向外产生作用①。"在设计数控机床等机电产品时，或者在塑造其他类型的产品的风格时，可以尝试使用产品的"形、色、质"等第二语言来表达特定的产品气质，形成产品的张力，塑造产品的气场，使用户享受到丰富的视觉盛宴。

---

① 李波，崔荣荣. 论艺术的精神［M］. 上海：中国纺织大学出版社，2001：66.

多终端背景下营造沉浸式的人机界面路径[①]

　　智能终端的多样化和快速普及，推动着新媒体艺术设计的形成和发展。界面的使用对象、使用环境、使用方式更为多样化，设计师面临着如何把控多终端界面设计的一致性与有趣性，以及两者之间的协调平衡性。越来越多的界面设计师和交互设计师关注如何使界面元素既能实现信息的有效传播，又能使受众获得艺术美的感受。然而，多终端的呈现方式导致界面设计更是限制重重，这界面怎样才能兼具美感与使用性呢？与传统的个人桌面计算机终端相比，手机、平板电脑等平台可以多指手势输入、支持用户联机操作等，使其界面构造更是涉及多领域、多学科的交叉，成为一项复杂的系统工程。一款足够吸引人的产品，不仅在外观上具备惊艳的、体现品牌特征的界面，在功能上更是实用、易用，操作简单方便有趣，只有给予用户以视觉、听觉、触觉的全方位优秀体验，才能获得用户的认可，增加用户的使用黏性。

一、简洁的多维化空间界面

　　无论是手机还是平板电脑，其界面空间较小，过多的干扰因素会削弱、干扰主要功能，影响用户认知。因此，设计界面时，首要的是理顺信息间的关系，弱化界面元素，从而突出重点。在展现的形式上可以通

[①]　原文发表于《上海电机学院学报》，2014 年第 2 期。

过优化主次信息之间的比例、各个信息模块之间的距离、单个模块里信息的间距；灵活运用设计构成中的圆、方、三角形等基本造型元素；遵循"对称与均衡、对比与统一、比例与尺度"等美学法则，塑造美观而简洁的界面空间。在界面中注意留白，让文字、图片有足够的空间，从而显得界面整体张弛有度且不局促。在设计风格上，由于手机界面空间限制以及用户认知能力有限，其界面总体风格趋向于简洁大方、便于阅览。尤其是卡片式设计正风靡手机、平板电脑、笔记本电脑等各个平台，传统的内容被分解成个体，经重新整合后展现给用户，如图 3-28 所示的 Google Now 地图，利用卡片式设计达到了简洁又实用的效果。图标、按钮等元素往往经过精心设计，成为点睛之笔，成为品牌的特征之一。例如，图标的质感表现为图标设计增添了一个写实的维度，有效地触发人的联想，缩短人机距离，而且，便于各层次的使用者对其进行快速准确的识别和操作，达到最高使用效率。①

图 3-28 卡片式设计的 Google Now

在不同平台的界面设计上，通过一致的形态、色彩、质感，一致的

———————————

① 庞博. 浅析数码界面图标设计的质感表现 [J]. 装饰，2011（6）：104-105.

图标、版式等细节体现品牌特征。目前，为了适应不同平台的界面尺寸，一种常用的界面设计方式是将图片模数化，通常是 1 倍、2 倍、4 倍或它们的整数倍，将图片、信息实时更新呈现，这样，在任何一个平台上形式结构都更加完美无缺，风格也更为统一。当然，人们都有求新求变的心理，多终端的产品界面也不是一味地追求统一，而是在跨终端的统一与变化中找到一个平衡点，这就需要考察各个平台的差异性，考验设计师本身的设计掌控能力了。

尽管多终端界面追求简洁，但往往还会从细节处体现出空间感。显示界面是个平面，设计师可以通过图像表现的方式来营造一个凹凸有致的三维立体空间。在视觉上形成投影、倒影、明暗来塑造这个空间自身的光源系统，利用大小变化、重叠、阴影、疏密、肌理等平面构成的手法来模拟真实世界中的立体化三维空间。空间感的塑造，使平面化的界面有了空间上的延伸，显得华丽而层次分布清晰，从而凸显重要内容。例如，苹果的 cover flow 专辑封面（见图 3-29）中运用透视变化、倒影的视觉表达，体现真实的空间。需要注意的是，不同平台上由于显示像素、界面大小的不同，有些图标、按钮的图层样式参数也要做些微调，从而在视觉上产生一致的感觉。

图 3-29 苹果手机播放器专辑封面设计

二、有用的易用的功能界面

视觉设计仅仅是界面设计的一部分。在统一而又不失变化的、美观的外观下，界面设计更是追求有用而又易用的功能，注重影响用户使用产品或者服务的感受，以及用户和产品建立的互动方式，包括用户如何理解、学习和如何使用产品。界面的用户体验设计，以可用性与以用户为中心为理论基础，时时刻刻将用户摆在设计过程的首位，以用户的需求为基本动机和最终目的，对用户的研究和理解应当被作为各种决策的依据，随时了解用户的反馈。[①] 以用户为中心的友好界面应该首先向用户传达系统拥有哪些功能并考虑提高系统的有用性设计，其次再考虑易用性设计。[②] 系统的可接受性主要取决于用户是否相信该系统能够帮助他们完成特定任务。手机、平板电脑往往在嘈杂的、拥挤的环境中单手使用，更容易产生失误操作，这就要求界面更为简洁。界面的有用性体现在界面信息的类型和数量应控制在合理的范围内，可以采用 Kelly Johnson 提出的 KISS 原则，也就是要保持简单的原则，通过删除、组织、隐藏、转移的方式[③]，尽量减少界面信息量。对于信息的认知已经有不少理论与研究，如认知负荷理论（cognitive load theory）认为若所有活动所需的资源总量超过个体拥有的资源总量，就会引起认知超载（cognitive overload)[④]，其关系到产品使用和操控的易学、易记、易理解

① 夏敏燕，王琦. 以用户为中心的人机界面设计方法探讨 [J]. 上海电机学院学报，2008，11（3）：201-203.

② 张宁，刘正捷. 自助服务终端界面交互设计研究 [J]. 计算机科学，2012，39（6）：16-20.

③ 科尔伯恩. 简约至上：交互式设计四策略 [M]. 李松峰，秦绪文，译. 北京：人民邮电出版社，2011：60-156.

④ KIRSCHNER P A. Cognitive Load Theory：Implications of Cognitive load Theory on the Design of Learning [J]. Learning and Instruction，2002，12（1）：1-10.

和有效避错等方面。① 因此在界面设计上，宜简洁地传达系统拥有的功能，符合一般用户的认知能力。这就要求厘清系统内部结构，简洁形象地表达功能分类，在视觉上突出功能。这样的界面给予用户"有用、易用"之感。Andrew② 等的研究发现，感知易用性高的界面，能够提高用户使用技术类产品时的信心。而且，感知易用性高的界面，交互的效率和精确度也高。

在实现易用性方面，通过明确的操作入口、清晰的结构、一致兼容的界面、适时的帮助、及时的反馈，按照认知科学规律对信息架构和资源进行解析、重组，有利于在信息架构复杂、资源极为丰富的条件下，减轻目标用户的认知负荷，促成用户快捷准确地识别界面，执行访问动作。跨平台开发界面时，可以采用原生控件，保证了跨平台的体验一致性，兼容多种终端设备。更重要的一点是原生控件可以支持键盘操作、tab 切换、快捷键等功能，从而有助于有视觉障碍的用户使用读屏软件等辅助工具。在功能的呈现方式上，合理的界面应该可以让用户对功能的选择更准确、快捷。我们可以从生活中汲取经验，采用拟物化的结构承载不同的信息，根据主题选择相关联的、现实中存在的物体作为信息承载体，从而直观地体现核心内容，突出主题。譬如，功能的呈现方式可以是货架、书架、转盘等形式，又如购物网站类比于实体店进行信息的分类、架构，设计系统的使用流程。可以是基于客观存在的事物、事物功能、事物道理进行隐喻③，界面从而具有了自我解释的功能，符合用户猜想的流程，同时尽可能避免或打断用户默认的操作流程，以节约用户的时间成本，提高用户的使用体验。④ 良好的人机交互界面设计采

① 金纯，张乃仁. 基于认知理论的人机界面标准化设计原则 [J]. 人类工效学，2005，11（3）：32-36.

② ANDREW B J, GEOFFREY S H. The Mediation of External Variables in the Technology Acceptance Model [J]. Information and Management, 2006, 43（6）：706-717.

③ 梅凯. 多媒体界面设计中的隐喻设计 [J]. 大众文艺，2013（7）：64-65.

④ 郭馨蔚. 针对用户界面中系统导航的分析研究 [J]. 装饰，2011（1）：94-95.

用这种拟物、隐喻的手法，合理运用心理学和符号学，能够跨越文化，克服语言障碍，提示或暗示用户，成为全球都能理解的、通用的设计，达到抽象事物具体化、深奥道理浅显化的目标，最大化地减少用户浏览过程中的焦虑感，增加其愉悦度。同时，界面应具有良好的容错性，在用户犯错后自动调整恢复，避免用户的损失。由于手机屏幕较小，网站结构往往采用单一树形结构的组织方式，这样导致用户很难在其他的选择中自由转换，因此，在网站的结构设计中需要对用户的操作需求有适当的预见，合理的分级归类将会帮助用户很轻松地达到目的①，从而降低出错概率。

三、多通道人性化的交互界面

Jin Moen 强调人机界面交互美学不仅仅是人与环境之间的交相作用，还必须为人的精神和身体层面提供同样满意的完整表述。② 拥有一个完满的经验的关键属性在于情感，情感作为黏合剂将不同的经验要素结合起来，贯穿于行为的过程中。③ 在全息学时代背景下，数字化交互呈现出过程性、共振性、沉浸性的内核特征。④ 界面的本质在于设计师运用自身的知识与技能，用人性化的情感进行设计，通过"叙事化"的手段对界面进行创造性的艺术化"生产"，探索用户身体和行为方式与界面的交互作用，完美表达设计的细节和情感，赋予用户全方位的参与度，增加用户的情感体验。

---

① 马志强，蒋晓. 基于用户体验的智能手机用户网站界面设计探讨 [J]. 包装工程，2012, 33（16）：63-66.

② MOEN J. Towards People Based Movement Interaction and Kinesthetic Interaction Experience [C]. New York：ACM Press, 2005：121-124.

③ 耿阳. 基于杜威实用主义美学思想的人机交互研究 [J]. 包装工程，2012, 33（2）：104-107.

④ 艾小群，冯守哲，吴振东. 全息学时代下数字化艺术设计的人机交互性取向 [J]. 辽宁大学学报，2012, 39（1）：69-72.

（一）自然的多通道交互

在传统的单通道用户界面设计中，用户通过鼠标进行人机对话，单击、移动、晃动、滚动鼠标等交互行为，对应着设计师预先设计好的场景、程序或实时运算得到的动态元素。而在多感官人机交互界面设计中，用户通过视觉、听觉和触觉器官进行交互，视线追踪、语音识别、手势输入、感觉反馈等新的交互技术，允许用户利用本身内在感觉和认知技能，使用多个交互通道，以并行、非精确方式与计算机系统进行交互，目的是提高人机交互方式的自然性和高效性。① 用户的一句话、一个眼神、一个表情、一个动作，计算机捕捉后即时反馈，用户在没有察觉的情况下"沉浸"于虚拟的计算机交互环境中，注意力集中到任务本身，实现"人机合一"的理想境界。真实环境与虚拟物体相互叠加在一起，真真假假地共同提升用户的体验性、沉浸感和交互性。美国麻省理工学院（MIT）媒体实验室流体界面组的印裔博士研究生普拉纳夫·米斯特里（Pranav Mistry）于 2009 年在 TEDIndia（TED 指 technology，entertainment，design，即技术、娱乐、设计）大会上演示了他的"第六感装置"发明（见图 3-30）。"第六感装置"作为物质与虚拟融合的信息设计实践，体现了未来人机交互系统将朝着人的自然交流形式的方向发展，而且应该具有多感官、多维度、智能化的特点，增强用户的参与感、体验感和沉浸感，加速现实物质世界与数字虚拟世界的不断融合。②

① 徐佳理．基于多重触控的多通道人机交互界面设计研究［D］．上海：同济大学，2008．
② 杨茂林．从"第六感"看未来人机交互的发展方向［J］．装饰，2013（3）：102-103．

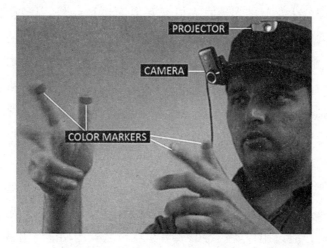

图 3-30　普拉纳夫·米斯特里演示他的"第六感装置"发明

（二）人性化动态化的交互

柳冠中先生的"设计事理学"认为设计是对相关的事的系统设计，同样地，界面设计也是综合被考虑到"人—机—环境"系统中，人机交互的"事"。运用叙事化的手段感性地呈现人机交互，通过人们熟悉的可感知的、具象的方式展现人对其操作的反馈，可以增加亲切感，减少数码产品的冰冷感，打动用户。正是把界面定义为虚拟的三维空间，不仅在界面的空间、图标设计上采用拟人、拟物的手法塑造三维形态，而且可以包含物体在真实空间中的重量感、缓冲、加速等属性。产品展示动画中图片"快要相撞时的让一下"、页面切换的速度、物体移动的轨迹等细节的展现，界面或者其中的图标在用户触碰下产生的形态、色彩、质感的变化，以人性化的变化方式吸引用户或提醒警示，都赋予了界面元素人性的特征，为物象注入了沉浸感因素。设计呈现出动态化、多维化、综合化发展的多感官人机交互界面设计趋势。① "机器"已经是可以深度交互的实体，界面设计成为人机交互这件事的陈述，即"叙事性"的表述，这样营造的体验将促进用户的视觉认知与情感因素认知。譬如，ipad 的 iBOOKS 书本表现方式，如真书般惟妙惟肖，Passbook 中虚拟碎纸机的删除方式，底部出现的碎纸效果真实有趣，Deal In 的如从纸上撕下来一样的购物清单可以放入底部的黄色牛皮纸（图3-31），绚丽、生动、好玩，华丽而不失自然，深深地吸引着用户的眼球。在各种界面中，我们可以看到各种元素纷纷"动"了起来。不同场景的转换类似于电影、ppt 播放中的转场，可以采用淡入淡出、叠加、翻转等方式，通过用户所熟悉的或者是意料之外的功能、方式，来增加用户的好感，促进用户的视觉认知与情感依托。譬如，手机中的翻转手势，可以让闹铃、来电静音，跟用户的预期完全一致，且生动形象，非常有趣。

在模拟动态的同时，音效的使用可以让用户具有身临其境的感觉，尤其是模拟真实的音效。譬如，ipad 中翻阅纸张时的摩擦声，Letterpress 中删除游戏时字母表格分解小方块掉落到屏幕底部发出的微妙的爆炸声，让人机之间的交流与反馈越来越真实。还有，QQ 多彩气泡使你的聊天具有你的个性化特征，还展现了语音动画功能，从而让用户的情感表达充满趣味（图3-32）。

要塑造富有人情味的、有趣好玩的人机界面，还可以从游戏中获取灵感。就如 Stephen·P. Anderson 所言的游戏设计模型原理②一样，界面设计同样可以给予用户玩要和挑战、矛盾和选择、反馈回应，以及目标和奖励。只有当界面不仅满足用户的基本需求，还超出用户的期望需求，给予用户惊喜，才能吸引用户，留住用户。

---

① 肖红，郭歌. 多感官人机交互界面的视觉设计原则 [J]. 包装工程，2012, 33 (4)：35-37.

② ANDERSON S P. 怦然心动：情感化交互设计指南 [M]. 侯景艳，胡冠琦，徐磊，译. 北京：人民邮电出版社，2012：149-154.

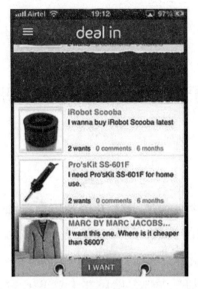

图 3-31 Deal In 中从纸上撕下来的购物清单

图 3-32 QQ 多彩气泡

四、结语

随着更多的新技术从实验室应用到实际产品中，人机之间构建起视觉、听觉、触觉、姿势等全方位的多维交互群组，人机对话更为随意、自然、舒适，计算机会"消失"，增强用户的参与感、体验感和沉浸感，真实世界与虚拟空间将日趋接近。当然，在营造沉浸式的人机界面时，也需要考虑到硬件条件。倘若动态的、精美的界面导致用户不能流畅地使用产品，则得不偿失。也就是说，设计师首先要考虑有用的、易用的功能，使界面简单方便，在此基础上，美化界面，塑造简洁的、多维的界面空间，在硬件条件允许的情况下，运用多通道动态化的交互技术，增强用户体验感，增加用户对产品的黏性，促进用户的视觉认知与情感依托。

以用户为中心的 B2C 电子商务网站界面设计研究[①]

顾名思义，B2C（Business to Consumer）电子商务是由商家通过在 internet 向消费者提供商品或者服务的模式，近年来其经营范围由网上图书音像制品扩展到了电子产品、服装、家居、日用品，甚至网络游戏装备等多个领域。繁华的景象背后却是大部分网民并未对 B2C 网站有足够的认知、信任和好感，网站购物多为购买中低价产品。究其原因，一方面是电子商务网站的线上交易技术和线下配送、售后服务环节尚有漏洞，另一方面则是电子商务网站的设计存在一定问题，界面引导设计混乱，难以认知，缺少个性化、情感化的服务，无法给予消费者优于线下的购物体验，这些都影响了 B2C 电子商务的整体发展。

一个成功的网站需要以"用户为中心"的思想来设计后台系统和网站界面，Johnson 将这种"以用户为中心"的网站包含的内容总结为：内容与功能、用户界面、网站的外观等方面。以用户为中心的设计方法（User-centered Design，简称 UCD）的基本思想就是将用户时时刻刻摆在设计过程的首位，以用户的需求为基本动机和最终目的，对用户的研究和理解应当被作为各种决策的依据，随时了解用户的反馈。[②] 随着 3G 移动平台和手机购物的流行、交互技术的日新月异，电子商务网站

---

①　原文发表于《包装工程》，2014 年第 16 期。

②　夏敏燕，王琦. 以用户为中心的人机界面设计方法探讨［J］. 上海电机学院学报，2008，11（3）：201-203.

战场硝烟弥漫，各大电商开始关注用户的需求，在后台系统设计的基础上，进行界面的形式、功能、交互的设计改良，推陈出新，也显得更为人性化。

一、平面化、图片化的网站外观

人们不是在阅读网站，而是在浏览网站，浏览与自己匹配的文字和图片，所以网站界面和外观良好与否也会影响用户获得想要的信息内容。设计不好的网站外观可能迷惑用户，导致使用困难，从而降低用户对网站所属公司或组织打的印象分。

目前，用户可以随时随地地使用手机，可以充分利用工作、学习的零碎时间，上网冲浪、购物。用户可先通过手机挑选商品，收藏或加入购物车，直接付款，或由于担心银行账户安全问题而用电脑付款。由于手机的屏幕空间有限，需要弱化装饰，突出商品本身。受手机购物及流行风格的影响，无论是手机版还是 PC 版，电子商务网站的界面设计都有平面化、图片化的趋势。

在网站构建之时，设计师针对网站的用户行为、市场等因素进行调研分析定位后，建立网站的视觉设计系统，把抽象的概念转化为具有独特主题的视觉设计。在组织界面元素时，充分考虑使用者和浏览者的浏览习惯，营造顺畅的浏览过程。电子商务网站本身信息量丰富，各种信息都希望获得关注。肖红等认为多感官人机交互界面的视觉设计先要简洁性与美观性并存。[①] 因此，电子商务网站需要理顺信息间的关系，弱化界面元素，从而突出商品本身。信息间除了优化逻辑关系，在展现的形式上可以通过优化主次信息之间的比例，各个信息模块之间的距离，单个模块里信息的间距，就如绘画中"密不透风，疏可跑马"的布局一样，让文字、图片有足够的空间"呼吸"。通过平面化、简单化处理

---

① 肖红，郭歌. 多感官人机交互界面的视觉设计原则 [J]. 包装工程，2012, 33 (8)：35-37.

网站界面的网页标识、导航、分栏、图文说明等界面元素，营造更为清新活泼的界面风格。在商品的推荐上，不少采用了类似 Metro UI 的瀑布流风格，用大量的图片配少量的关键文字的介绍，从而突出产品本身。

二、方便化、个性化的网站功能

Nielsen（1999）认为用户访问网站的目的在于获取网站的内容，其他的一切皆是背景。网站需要提供有价值的、有趣味的、及时更新的或是可以信赖的内容，并直接影响到用户的访问操作，促进或抑制用户感知网站的价值。对电子商务网站而言，应该提供简单、方便、有效、愉悦的购物体验。

有别于实体商店购物，在电子商务网站上按照进入入口—寻找产品—与店家交流—收藏或加入购物车—支付费用—物流送货—双方评价的流程进行。因此提供快捷的入口、方便的搜索方式、随时随地的询价交流、简易的收藏或放入购物车、安全的支付方式、快捷的物流配送、透明公正的客户评价，才能使顾客方便地完成购物及评价流程。以淘宝网为例：（1）在购物入口方面，提供了"我要买""站内搜索""宝贝类目"等多种分类方式，为用户提供随时随地地进入店家寻找产品的入口。（2）在寻找产品方面，可按照人气、销量、信用、最新、价格、所在地等方式对搜索结果进行排序分类，并提供品牌、选购热点、风格等分类方式。（3）有专门的即时通信工具"阿里旺旺"，方便买家与商家就商品的价格、质量、物流等一系列问题进行沟通，还有陶小二为用户提供 24 小时的在线咨询服务，页面下方的"联系我们"可以查找到针对各个用户群体的热线电话。（4）在每个产品页面简介部分可以直接购买或者加入购物车，加入购物车的没有付款的，相当于放在收藏夹一样，方便下次查看。（5）提供专门的支付工具支付宝，通过实名认证制、支付盾、信用评价体系、支付宝的延后付款方式等在一定程度上保证用户的支付安全。（6）实行推荐物流方式，为用户提供可选择的物流服务，物流企业可以直接在网站后台接受和处理客户的物流需求订单，方便快捷。（7）淘宝采用双方互评后才生效公开的方式，增加了信用度的真实性。

　　根据研究，用户觉得目前的网上购物流程太过复杂，网站上提供了太多不必要的信息，网页交互不合理。买家往往需要货比三家后才能决定是否购买，多数购物网站并没有提供这一功能，研究者发现 B2C 购物网站在评估与比较方面的满意度是 38.8%。① 有些网站提供了比价分析及相应的网站入口，帮助消费者在购物时做出聪明的选择。网站的安全、物流配送及客户评价方面也还有所欠缺。其中，网站安全是购物网站的顾客感到满意和感知质量的显著影响因素，良好的个人保密更是促进价值增值和客户关系提升的一个重要特性②，客户评价则是消费者与商家沟通的直接渠道。对老年人来讲，需要提供网购设计支持。③ 或许购物网站本身可以考虑植入比价、比货功能，保证网站安全，优化客户评价、物流配送才是王道。

　　随着电子商务网站竞争的白热化，提供个性化的功能也是网站差异化发展的必经之路。我们可以从国外的一些购物网站中获取一些经验。譬如，Stich Fix 平台结合计算机算法为用户推荐一些用户没有订阅的风格服饰搭配，给予用户惊喜。Sibuya 网站为海外用户提供海外结算、配送代理服务，跨越了地域的限制。Joyus 导购平台为用户带来优质的产品展示视频，提供一种"先看再买"的引导模式，用户可通过"一键分享"按钮将商品分享到各大社交网站上。Fits. me 在线虚拟试衣平台

① KUO H M, CHEN C W, HSU C H. A Study of Information and Aiding Interface Design in B2C Web Sites [C] // Proceedings of the 2009 IEEE IEEM, 2009：852-855.

② HORN D, FEINBERG R, SALVENDY G. Determinant Elements of Customer Relationship Management in E-Business [J]. Behaviour & Information Technology, 2005, 24（2）：101-109.

③ KUO H M, CHEN C W, HSU C H. A Study of B2C Supporting Interface Design System for the Elderly [J]. Human Factors and Ergonomics in Manufacturing & Service Industries, 2012, 22（6）：528-540.

利用机器人模特和人造肌肉来模拟买家所需形状和尺码，提供虚拟试衣间服务（见图3-33）。

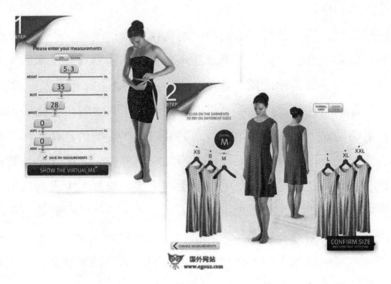

图3-33　Fits. me 在线虚拟试衣平台

三、简易化、情感化的网站交互

日新月异的计算机网络技术和人工智能赋予界面设计师实现信息的有效传播和艺术美感的可能。用户使用产品的安全和效率直接关系到产品的可用性评价，使用的舒适、精神愉悦和高级情感反应直接关系到产品的体验评价。[①] 交互设计，从本质上说，是经过理性沟通将信息感性呈现，是把复杂问题简单化。在购物网站的设计上，需要充分发挥用户有限的认知资源，引起用户的情感共鸣，实现简易化、情感化的网站交互。

---

① 郭会娟，汪海波. User-Centered 产品人机交互界面的设计探析［J］. 吉林师范大学学报（自然科学版），2012（3）：20-23.

（一）减轻认知负荷

用户初次进入一个陌生的网站，庞大的信息量展现在他的面前，往往会让他茫然失措。若所有活动所需的资源总量超过个体拥有的资源总量，就会引起资源的分配不足，从而影响个体问题解决的效率。通过明确的操作入口、清晰的结构、一致兼容的界面、适时的帮助、及时的反馈，按照认知科学规律对信息构架和资源进行解析、重组，有利于在信息架构复杂、资源极为丰富的条件下，减轻目标用户的认知负荷，促成用户快捷准确地识别界面，执行访问动作。覃京燕等认为简洁的、良好的人机交互界面还具有可持续意义。① 网站界面就如 Google 用户体验的十大准则中提到的那样，需引导新手，吸引专家：为新用户提供美妙的初始体验，让新用户很快熟悉产品，保证用户可以通过简单符合直觉的操作，使用产品的大多数有价值的功能；适时地提供一些智能功能来吸引那些经验丰富的资深用户。设计师在设计购物网站时，将购物过程与实体店的类比对应，尽可能地接近用户默认的操作流程，将会极大限度地减轻用户认知负荷。可以通过用户研究了解用户的默认操作流程，并通过用户测试及时了解用户的意见，尽快调整设计原型。而 Martin·L. Fracker 等人认为，主观的可用性级别度量虽然廉价又容易实现，但往往与实际偏离。②

（二）加强情感交流

在虚拟网络上，购物的体验不仅仅是类似于实体店的经验，更是丰富的鼠标交互行为中的视觉、情感体验，从而加深用户对网站空间的感知体验。Jean Éthier 等人认为，希望、喜欢、自豪、恐惧、不喜欢、后

① 覃京燕，李琦. 界面设计的可持续意义研究 [J]. 包装工程，2012，33（6）：81-84.
② FRACKER M L，HECK M，GOESCHEL G. When a User Interface is Good Enough：User Ratings in UI Design [C] //Proceedings of the Human Factors and Ergonomics Society Annual Meeting. London：SAGE，2010：595-599.

悔这六种情绪是用户使用网站进行传递和沟通时可能经历的情绪。① 网站设计的本质之一是为交互运动设计虚拟内容，使用户通过鼠标经过、单击、拖动、晃动、滚轮等交互行为，导入用户个性信息，获取设计者预先设计好的场景、程序或实时运算得到的动态元素。在控制与被控制、交互行为与实时反馈的进程中，加强用户的参与度、临场感、沉浸感。

这里，网站是一个实体空间。空间中的透视变化、物象的质量感、重力感、缓冲运动等真实自然场景的属性，通过视觉表达体现在网站中。移动鼠标突破二维空间的限制，从一点瞬时进入无数可变的空间，用户移动鼠标的运动轨迹、速度、方向使交互对象的形态、位置、空间等产生变化，形成超越时空限制的多维度动态视觉语言。② 譬如，产品展示动画中图片快要相撞时的"相互让一下"，页面切换的速度、运动加速度、移动的轨迹等细节的体现，都赋予了界面元素人性的特征，为物象注入了沉浸感因素。网站不再是触摸不可得的，而是具有人性的特征，可以深度交互的实体，这种体验感的营造将促进用户的视觉认知与情感依托。空间感、拟人化的设计趋势以及交互技术的发展，让我们可以想象在不久的将来，可以把购物网站的产品展示图片翻转过来，在背面写备注；用便签纸的立体形式展示备忘录，随意粘贴在界面上，这样的设计可以方便用户挑选比较并记录下自己的心得。

四、结语

人性化又美观的购物网站的界面设计属于锦上添花，倘若商品质量和价格不能令客户满意，也只能是昙花一现，不能真正为购物网站提升

---

① ÉTHIER J, HADAYA P, TALBOT J, et al. Interface Design and Emotions Experienced on B2C Web Sites: Empirical Testing of a Research Model [J]. Computers in Human Behavior, 2008, 24: 2771-2791.

② 权英卓，王迟. 互动艺术新视听 [M]. 北京：中国轻工业出版社，2007：23-25.

竞争优势、提升顾客黏度。在功能、服务同质化的基础上，设计师需要综合考虑各学科知识，赋予购物网站界面美感，提供优于线下的购物功能，给予用户舒适方便的交互，沉浸式的体验，从而使网站打动用户，吸引用户。

"超现实"界面设计研究[①]

在由物质、信息和能量构成的世界里，思维空间、信息空间和赛博空间中，通过各种承载信息的载体媒介及界面，给予用户视觉、听觉、触觉甚至味觉、嗅觉的多通道体验，实现人与物、人与环境的交互。随着开源和人工智能等信息通信技术的发展，交互技术壁垒让位于对用户体验感的提升，对用户心理认知模型的把握成为交互设计的核心之一。在从单一低维通道向多向高维通道演进的过程中，设计师的任务不仅是使媒介、界面好看，更是站在用户的角度，组织人机交互、管理信息，以赋予好用、令人愉悦的产品品质。皮亚杰在《平衡论》中说，主体把客体同化于他的图式之内，同时又要使自己的图式顺应客体的特征。也就是说，设计师通过设计向用户传达产品语义，同时又要使设计的产品语义"顺应"用户的生理和心理需求。[②] 寻求合理的产品方案的过程也是寻求"同化与顺应"的平衡点的过程。为了设计符合用户认知的产品形态，在界面设计中，设计师往往结合用户的使用过程，从生活、现有产品中提取经验，采用拟物化、"抄现实"的方式展现不同的信息，也就是根据主题选择相关联的、现实中存在的物体作为信息承载体，从而直观地体现核心内容，突出主题。

---

① 原文发表于《包装工程》，2017年第8期。

② 黄金发，程金霞. 产品设计中夸张表现手法的应用 [J]. 包装工程，2010，31（2）：45-48.

设计对使用情境的重视，其本质是承认对世事万物和各种设计保持共情心和好奇心。桌面电脑功能在迁移到移动设备的过程中，全盘照抄旧有桌面电脑设计模式是行不通的。尽管人们总是忍不住从旧有经验中提取操作新产品的信息，而不是充分利用新技术所带来的优势。这就是Marshall McLuhan 所说的"后视镜效应"①，从后视镜观察这个世界。但是设计师若墨守旧有经验，未能从新的媒介使用情境出发，更易导致失败的设计。由此，本文所提出的"抄现实"设计，更是适度创新的"超现实"设计。就如同旧公寓改造般，经过打散、重构，改造成适合媒介上呈现的符合定位的界面空间，由此界面虽模拟现实，却又高于现实，实现艺术化的再设计。

一、适度创新的"抄现实"设计的心理学原理

人对外界信息作用的反应，按照 Wickens 提出的人的信息加工过程模型②（如图 3-34，图片摘自赵江洪《人机工程学》一书），通常要经过刺激、短时感觉存储、知觉、记忆、决策和反应选择、反应执行等环节。在决策和反应选择时，会调用人的记忆库，整个过程都会受到注意力资源的影响。John Sweller 的认知负荷理论（cognitive load theory）认为：个体拥有的资源总量是有限的，需消耗认知资源的各种认知加工活动，若所有活动所需的资源总量超过个体拥有的资源总量，就会引起资源的分配不足，从而影响个体问题解决的效率，这种情况被称为认知超载（cognitive overload）。③影响认知负荷的主要因素包括：信息的组织和呈现方式，信息的复杂性和相关的知识经验。人们能注意到自己感兴趣的、熟悉的、喜欢或厌恶的东西。由于人容易遗忘，因此在很多时

---

① 辛曼. 移动互联：用户体验设计指南［M］. 熊子川，李满海，译. 北京：清华大学出版社，2013：50-51.

② 赵江洪. 人机工程学［M］. 北京：高等教育出版社，2006：131.

③ PAUL A，KIRSCHNER. Implications of Cognitive Load Theory on the Design of Learning［J］. Learning and Instruction, 2002（2）：1-10.

候，设计者需要提供"线索"，如模拟人们生活行为经验的经历，提醒用户他们可能忘记的事情，使用户主动地或者下意识地回应产品。这种设计方法类似于"直觉设计"，在了解用户过去经验的基础上，提取人的记忆中具有解决性的答案，直觉也就成为一种再认识的过程，是一种建立在长期经验和常识之上的直观感受和自我判断。在信息架构复杂、资源极为丰富的情况下，按照认知科学规律对信息架构和资源进行拟物化的隐喻手法，合理运用心理学和符号学，能够跨越文化，克服语言障碍，成为全球都能理解的、通用的设计。

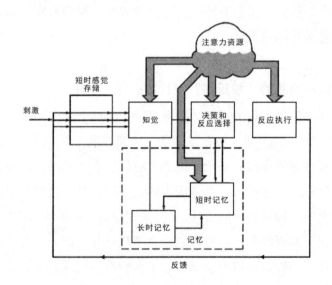

图 3-34　Wickens 提出的人的信息加工过程模型

然而，凡事物极必反，当一味追求模拟的真实性、全面性，反而会降低用户的实际体验愉悦度。格式塔心理学认为，人在感知时，知觉整体大于所感知的部分之和。人的心理意识活动都是先验的"完形"，也就是"场"。① 人对外部世界的认知，正是来源于"物理场"和"心理

————————

① 王珏. 从完形心理学看电影声音对象的形成［J］. 当代电影，2015（7）：136-139.

场"的共同作用。整体的属性可以由具有代表性的部分来体现，即使所感知的只是事物的部分属性，但格式塔组织原则能帮助人完整理解。这些组织原则包括：图形与背景、邻近性、相似性、连续性、闭合性等。认知主体利用过去的经验，填补认知对象的空缺。格式塔心理学的这些组织原则为拟物化界面设计提供了创新思路。

二、适度创新的"抄现实"设计路径

（一）从感官体验角度进行"抄现实"

在界面进行"抄现实"设计时，我们先要明确抄何物。我们往往从其实用功能出发，借物寓意，运用物体的功能传达软件、APP 的功能。譬如，纸袋形的购物 APP，标签、抽屉形的归类，百叶窗形的屏幕解锁。用户在使用界面时，对图形推断的线索来自形状、颜色、材质等能在真实世界里领略到的自然规律和事物属性。然而，界面毕竟是虚拟界面，从最初的几乎百分之百再现现实事物、空间的设计方式，到现在很多界面已经简化到类似于卡片式的设计。例如，苹果的 cover flow 专辑封面（见图 3-35，图片摘自开心网），并没有体现现实世界中专辑的厚度、纸张质感，只是运用透视变化、平面反光的视觉表达，塑造了真实的空间感，使平面化的界面有了空间上的延伸，而层次清晰的专辑封面布局，有效地触发人的联想，诱使用户点击专辑图片，识别操作准确，达到最高使用效率。而 Rise Alarm Clock 的界面背景色就像每个时间点的天色一样，清晨的霞光、中午的晴空、傍晚的暮色，这种极简的设计，尽管只是利用了天空的颜色，但在心理场的作用下，用户仍可一眼就判断出当前的大致时间。经过艺术化再现的"抄现实"界面形象，利于"感知的功能可见性"，暗示用户怎样与一个对象进行交互。

声音作为一种隐式的自然交流方式，不需要特殊的学习、训练或者传播，就可以让用户具有身临其境的感觉，对用户的操作给予即时、适

图 3-35　苹果手机播放器专辑封面设计

当的反馈。譬如，Letterpress 中删除游戏时字母表格分解小方块掉落到屏幕底部发出的微妙的爆炸声，尽管简单，但除了帮助用户获得机器的反馈，还让人联想到爆竹爆炸时四分五裂的景象，也就理解了操作的含义，让人机之间的交流与反馈越来越真实、有趣。当我们拨动日历上的日期发出的"咔咔"声，随着拨动的速度声音发生相应的速度变化，就像真实世界中我们拨动的时钟声一样，产品也就呈现出有趣的意味。虽然日历与时钟并不是同样的事物，但属于同一类型，也能帮助用户理解产品。

在触感方面，一些产品通过震动来增加用户的触觉体验，如 Immersion 的触觉回馈技术可以让手机桌面动态壁纸具有一定的触感。而百度宣布开发出一种复杂的触控感应技术，可以在人们常用的手机屏幕中检测不同触感的频率范围，通过人为制造摩擦创造类似于实物的触感和摩擦感，使人们在触摸屏幕时也能感受到屏幕显示内容的触感，从而使这种屏幕变成了一种传感器。

不仅仅是视觉、听觉、触觉，真实世界中的味觉、嗅觉也正逐渐应用到产品界面中，如食谱界面中散发出所制作的菜的香味，或者接收短消息时散发信息发送者选择的香氛。甚至现在开发出了将传感器含在嘴里，可以模拟真实的味觉，估计不久的将来，这种技术也会应用到界面中来。

146

（二）从行为关联体验角度进行"抄现实"

随着计算机能力的提升，人机交互更为注重人的全方位体验，注重人与机之间情感的交互。① 通过人们熟悉的、可感知的、具象的方式展现人对产品操作的反馈，可以增加亲切感，减少产品的冰冷感，打动用户。

一方面，通过设计与用户心理相匹配的动作，来减轻用户的认知负担，也可以增加界面使用的趣味性。在有来电或者闹钟响起时，可以翻转手机使其静音，与用户翻转不想见到的烦心的图片一样。微信中的摇一摇，淘金币中的摇一摇，这些行为动作跟用户求签摇一摇的动作相匹配，使用户非常方便地理解相关功能的含义。这种行为关联体验能够和产品界面产生共鸣和互动，让用户产生良好的心理体验。②

另一方面，在用户进行操作后，通过拟物化的动态效果给予用户反馈，也有利于凸显品牌特点，提升用户体验感。在界面的虚拟三维空间中，物体在真实空间中的重量感、缓冲、加速、轨迹等属性，通过人为的操控，可以在不同的界面空间中转换，呈现出可视的转换过程。在转场、引导、反馈、加载、启动场景中应用动态特效，常采用形变、运动的技巧，这些改变不是随意的，通常带有拟物效果或者隐喻含义。开关门、缩放、折叠、旋转、翻页之类的转场设计，就模拟了真实的动作，以适合不同层级页面之间的转换。③ 当然也有所删减，在 iBook 中如真实翻书过程中背面的文字呈现由于计算方法繁复且影响显示速度而被省略。有些动作拟物化并不明显，如在界面刷新时，只是一些区域变形并弹跳一下，好像拉动的是具有弹力的塑料或弹簧，运动速度也非常符合真实物体的运动模式。

---

① 覃京燕. 大数据时代的大交互设计［J］. 包装工程，2015，36（8）：1-5.
② 姚江，封冰. 体验视角下老年人信息产品的界面交互设计研究［J］. 包装工程，2015，36（2）：67-71.
③ 傅小贞，胡甲超，郑元拢. 移动设计［M］. 北京：电子工业出版社，2013：157-192.

（三）从行为流程体验角度进行"抄现实"

拟物化不仅仅是参照对象的形、色、质、行为，还可以参照物的组织与架构、原理。着手组织信息、流程前，先要理解用户的行为：他们想做什么，先做什么后做什么。尽可能地避免或打断用户默认的操作流程，以节约用户的时间成本，提高用户的体验感。① 人们一般都希望按照某种特定的步骤做事，如果预想的步骤被打乱就会陷入迷惑，甚至沮丧。如果现实中有类似的活动，完全可以参照现实的方式进行。比如，在网上商店，按照进入入口—寻找产品—与店家交流—收藏或加入购物车—支付费用—物流送货—双方评价的流程进行，几乎就跟实体商店中购物流程一致。当然，由于网上购物中用户随时可能改变主意，为了能经常提醒用户，网站提供了多个保存商品的方式：放到购物车中，放到"保存商品"中或添加到意向清单中，这些保存商品的目的，都是便于将来购买。而在手机界面中，由于移动化、碎片化的使用，更要做到简单，在信息的组织方式上，更为简洁。淘宝商场在移动端的设计，在界面上只突出一种搜索方式，而其余的商品分类、店铺信息则通过抽屉式设计隐藏起来。围绕行为来进行组织架构，按照时间顺序来组织安排类似会议信息，按照用户走进酒店的顺序来规划酒店的网站等方式，能够让人轻易记住相关信息。

三、结语

就如一句话所说的，"艺术来源于生活，又高于生活"。在界面设计中，常常采用移花接木的手法，从现实世界中获取元素进行设计，但往往提炼出要点，浓缩出精华，根据主题进行再创作，是高于现实的。从参照物上汲取设计元素时，还要尽量避免将参照物的局限性带入产品

① 郭馨蔚. 针对用户界面中系统导航的分析研究［J］. 装饰，2011（1）：94-95.

中。有研究还认为，在做设计研究、测试时，还可以尝试用户不熟悉的形态、情况与用法，以获得更多设计的可能性。① 但是要避免使用脱离用户常识、无法唤起共鸣的参照对象。总体上，适度创新的"抄现实"的设计方法，不失为一个帮助用户快速识别、正确识别的好方法。

① BREDIES K. Strange Shapes and Unexpected Forms: New Technologies, Innovative Interfaces, and Design-in-Use [J]. Design Issues, 2015, 31 (1): 42-52.

产品意象评价中的眼动与脑电技术研究进展①

产品通过自身的形态、色彩、材料、质感、结构等传达出的形象与语义称为产品意象，已成为用户购买产品时越来越强调的要素之一，也成为产品开发过程中必不可少的研究环节之一，甚至成为智能设计的推导要素之一。目前已有不少研究者运用遗传算法②③、支持向量机④、粒子群算法⑤、数量化一类⑥⑦等方法进行产品意象的优化设计与智能设计。如罗仕鉴等⑧在提取及用数学方法表达 SUV 产品族侧面外形的基因后，通过语义差异法及 Likert 量表获取消费者的偏好，构建外形基因与偏好之间的进化函数，运用遗传算法实现偏好驱动的 SUV 产品族外

① 原文发表于《包装工程》，2020 年第 20 期。
② 徐江，孙守迁，张克俊．基于遗传算法的产品意象造型优化设计［J］．机械工程学报，2007，43（4）：53-58．
③ 胡伟峰，赵江洪．用户期望意象驱动的汽车造型基因进化［J］．机械工程学报，2011，47（16）：176-181．
④ 张学东，田丽，王勇，等．基于支持向量机模型的产品意象评价研究［J］．机械设计，2014，31（10）：105-108．
⑤ 苏建宁，赵慧娟，王瑞红，等．基于支持向量机和粒子群算法的产品意象造型优化设计［J］．机械设计，2015，32（1）：105-109．
⑥ 苏建宁，李鹤歧．应用数量化一类理论的感性意象与造型设计要素关系的研究［J］．兰州理工大学学报，2005，31（2）：36-39．
⑦ 王进，张国栋，张云龙．基于数量化一类分析的 IGA 算法及应用［J］．浙江大学学报（工学版），2013，47（10）：1697-1704．
⑧ 罗仕鉴，李文杰，傅业焘．消费者偏好驱动的 SUV 产品族侧面外形基因设计［J］．机械工程学报，2016，52（2）：12-26．

轮廓线基因进化，在 Matlab 中执行算法推导继承产品族特征又有变化的 SUV 造型设计，并建立概念设计系统。

对产品造型进行智能设计的前提是理解用户对产品意象的偏好。由于产品意象诱发的用户体验是一种隐性的、直觉的有时甚至难以用言语表达的感觉，且用户对产品意象的美学评价具有个体主观性、长期动态性和环境依赖性的特点，从而对传统用户体验测量和评价方法提出了新的挑战。眼动追踪与脑电技术由于不妨碍被试完成相关任务，无侵入性，正逐渐广泛应用于客观测量用户的体验评价探索中。本论文中通过系统地回顾产品意象评估中采用的一般研究路径与方法、眼动追踪与脑电测量方法，分析其中的利弊得失，可以帮助研究者为所选任务或实验选择合理的生理测量方式，并制定合适的研究路径。

一、产品意象研究路径与评价方法

产品意象的评价方法主要分为公式评价法和实验评价法两大类。公式评价法通过计算求出具有各个评价要素权重的数学公式，并据此进行量化而相对客观的判断。在评价时，首先通过形态分析法解构设计要素，然后采用专家或焦点小组的主观打分、主成分分析、簇分析、模糊粗糙集评价法和层次分析等方法，进行设计要素的权重计算。周爱民等则完全从数学方法出发，依据形式美学与完形心理学原理确定产品造型美观度的各项指标，构建各项指标的评价函数，并基于最大流原理构建产品形态美度的综合评价模型。[1]

实验评价法是通过眼动仪、事件相关电位仪（ERPs）等设备获取被试体验产品时的相关生理和心理反应指标，推断被试对产品造型的偏好，分析并建立产品设计的参数与用户对产品意象感知之间的映射关系。传统的视觉搜索任务、Go-Nogo 范式任务、双重任务等行为实验包

---

[1] 周爱民，苏建宁，阎树田，等．产品形态审美综合评价等非线性信息动力学模型[J]．机械工程学报，2018，54（15）：150-159.

含了反应运动时中的决策、动作准备、动作执行等阶段，而不能分离各个阶段。眼动仪可以记录被试各个眼动认知过程，事件相关电位仪可以记录事件发生后的各个电感测量过程。由于眼动与脑电技术可以不受干扰地收集眼动、脑电数据，不需要侵入的医疗程序或非常昂贵的静态设备，在许多情况下不会干扰主要任务，因此这个领域的方法与设备正在快速发展，使生理测量变得更容易和更灵活。① 功能磁共振成像（fMRI）的方法需要昂贵的固定设备，目前无法在应用设置中大量使用。用户感知意象的实验评价法往往基于感性工程进行意象评估，研究路径如图3-36 所示。首先，通过文献、评论、调研访谈，采集感性意象相关词汇，并用聚类分析方法获得感性意象词组。其次，利用 KJ 法进行样本归类合并，形成代表性的产品样本。采用 Osgood 语义差异法、Likert 量表法等进行问卷设计与调查，分析产品样本及感性词汇之间的映射关系。最后，进行相关眼动或脑电实验，获取用户观察产品意象时的生理数据，与主观调查问卷对照或直接将问卷植入客观实验中，分析产品意象与感性感受、生理数据之间的关系。

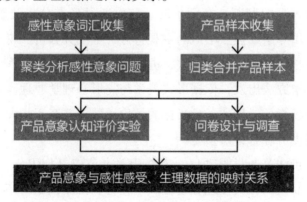

图3-36　产品意象评价眼动与脑电实验研究路径

① NIXON J, CHARLES R. Understanding the Human Performance Envelope Using Electro-physiological Measures from Wearable Technology [J]. Cogn Technol Work. 2017, 19 (4): 655-666.

二、眼动追踪技术与产品意象评价

眼动仪能全程记录视觉信息加工处理时的眼动认知过程，能记录精确到试验开始的第一个注视点，记录不受意识支配但受情感和习惯支配的前注意加工阶段，记录后期有意识参与的集中注意阶段，即"眼跳（扫视）—注视—凝视"的全过程。通过眼动仪记录眼睛的快速搜索、选择、注视、持续注视的过程，以扫描路径、热点图、感兴趣区、三维空间等可视化方法呈现，进而推断出用户的专注点、兴奋点，体现被试难以描述或因为社会环境压力、个人心境等不想描述的关注点与扫描路径。

眼动追踪技术在产品意象研究中已获得了大量应用。如谢伟等①采用眼动试验记录用户对电饭煲的无意识认知，结合眼动热点图和操作的正确率和反应时评估产品的可用性，并据此进行产品人机界面的改良设计。Hou 等②发现，被试在评价设计方案时，不管专业背景如何，最先密切关注的是与人有关的区域，并推断出参与者更容易被产品的交互部分所吸引。Guo 等③发现，在目标导向的任务中，参与者的注意力由任务驱动的视觉感知主导，在观看具有更高用户体验水平的智能手机时具有更长的注视时间和更大的瞳孔直径。除了从眼动追踪图中发现用户对产品意象的认知，部分学者更进一步，建立产品关键造型与产品意象认知关系的匹配模型。如黄琦等④运用专家访谈、眼部跟踪实验发现影响

① 谢伟，辛向阳，丁静雯. 基于眼动测试的产品人机界面交互设计研究 [J]. 机械设计，2015, 32 (12): 110-115.

② HOU G, LU G. The Influence of Design Proposal Viewing Strategy: Design Aesthetics and Professional Background [J]. Int J Technol Des Educ, 2018 (690): 1-22.

③ GUO F, DING Y, LIU W, et al. Can Eye-Tracking Data be Measured to Assess Product Design?: Visual Attention Mechanism Should be Considered [J]. Int J Ind Ergon, 2016, 53: 229-235.

④ 黄琦，孙守迁. 基于意象认知模型的汽车草图设计技术研究 [J]. 浙江大学学报（工学版），2006, 40 (4): 553-559.

汽车产品意象认知的外观造型特征，建立关键造型特征与产品意象认知之间的匹配模型，开发汽车草图设计原型系统。而卢兆麟等①基于"色度—饱和度—亮度（HSV）"模型，提取眼动热点图的颜色特征，运用 Fisheries 判别建立汽车造型的评价函数模型，从而试图从眼动热点图中直接推断用户对产品意象的评价。

这些探索均为眼动追踪技术的运用提供了各种可能。但需要注意的是：注意力分为自愿注意力和非自愿注意力，人类可以根据自己的意愿从注视的中央方向移开注意力，而眼动追踪研究中假设注意力和眼窝关注的方向相联系②，且眼动追踪并不能反映被试对观察物是否喜好。眼动追踪提供的数据本身价值有限，因为它无法区分用户是有意选择还是无意掠过，无法分析用户为何注视观察物的特定区域。眼动数据可以结合边做边说的有声思考法、事后受激的回顾性有声思维法③或意向问卷调查等方法，从而收集更全面的、令人信服的数据集，由此得出更有实际价值的发现和建议。

三、脑电技术与产品意象评价

采用事件相关电位对事件发生后的时间进行电感测，获得被试随时间变化的脑电图（Electroencephalography，简称 EEG），可以分解各个阶段的波幅、频率、电位或电流的空间分布等指标，可以反映千分之一秒时间精度的大脑皮质层神经活动，体现大脑工作过程的信息。脑电技术能够实时记录被试观察、使用、购买产品等阶段的脑认知过程，能反映出用户自身难以用言语表达的偏好、意向的形成机制。ERP 由负

---

① 卢兆麟，李升波，徐少兵，等．基于眼动跟踪特征的汽车造型评价方法［J］．清华大学学报（自然科学版），2015，55（7）：775-781.

② 达克沃斯基．眼动跟踪技术：原理与应用：第二版［M］．赵歆波，邹晓春，周拥军，译．北京：科学出版社，2015：11.

③ 伯格斯托姆，沙尔．眼动追踪：用户体验设计利器［M］．宫鑫，康宁，杨志芳，译．北京：电子工业出版社，2015：50.

（N）或正（P）极性成分组成。早期视觉注意的脑电波出现在 100～200ms 之间，包括 P1（或称 P100）、P2（或称 P200）、N1（或称 N100）、N2（或称 N200）、LPP 等几个常见参数。其中 N1 成分与早期注意机制促进感知特征的提取有关，对于诸如形状、颜色、大小、位置等低阶属性的刺激敏感。[①] P2 成分通常与刺激的情感属性相关，正向情绪诱发的 P2 波幅更小。[②] N2 属于高阶认知引发的电位，反映被试对刺激之间冲突或差异的感知。Ernst 等[③]的研究中也认为 N1 和 N2 能体现被试的主观规避与倾向行为。

在产品意象评价中，目前由于脑电图脑电成分体现的被试对产品意象倾向并不确定，且脑电图提取分析及试验对环境、被试等要求较高，所以主要采用主客观相结合的方式，以更好地分析被试对产品意象认知与评价时的脑电特征。郭伏等[④]利用脑电成分分析用户对智能手机的用户体验评价，发现用户体验水平较低的智能手机图片能诱发的 N1、N2 成分相对波幅较大。郭伏等[⑤]还发现，当产品造型能引发用户的使用意向时，会出现较小的 N2、P3 和显著增强的 N3、LPP。郭伏等[⑥]运用脑电在进行网页界面的满意度评估时，由于网页界面的复杂性、视觉多样性，发现前期的 P1、N1 区别不明显；在刺激呈现后的 190ms，满意度

① RIGHI S, ORLANDO V, MARZI T. Attractiveness and Affordance Shape Tools Neural Coding：Insight from ERPs ［J］. International Journal of Psychophysiology，2014，91 （3）：240-253.

② HANDY T C, SMILEK D, GEIGER L, et al. ERP Evidence for Rapid Hedonic Evaluation of Logos ［J］. J Cogn Neurosci, 2010, 22 （1）：124-138.

③ ERNST L H, EHLIS A C, DRESLER T, et al. N1 and N2 ERPs Reflect the Regulation of Automatic Approach Tendencies to Positive Stimuli ［J］. Neurosci Res, 2013, 75 （3）：239-249.

④ 郭伏，丁一，张雪峰，等. 事件相关电位 N1 和 N2 用于智能手机用户体验评价的研究 ［J］. 信息系统学报，2016 （1）：12-26.

⑤ 郭伏，丁一，张雪峰，等. 产品造型对用户使用意向影响的事件相关电位研究 ［J］. 管理科学，2015, 28 （6）：95-104.

⑥ 郭伏，刘玮琳，王雪霜，等. 网页界面满意度评估的事件相关电位研究 ［J］. 工业工程与管理，2016, 21 （3）：126-131.

水平一般的网页界面诱发的 P2 幅值相对更大，在刺激呈现后的 220ms，满意度水平较高的网页界面诱发更大的 P2、N2 幅值；而满意和不满意的网页界面都诱发晚期的更大幅值的 LPP 成分。而产品意象认知与相关感性语义词汇之间一致与否通过 N400 成分来体现。陈默等①发现，当产品意象与语义词不相关或模糊时，产生了 N400 成分。Hou 等②发现与语义不一致的交通信号词对相比，语义一致的交通信号词对在潜伏期为 380~460 ms 时的 N400 幅值较低。与眼动追踪分析类似，也有研究者尝试脑电数据与产品意象之间建立推理模型。杨程等③运用行为数据（反应时长、选择正确率）与脑电数据（N200、P300、N400 等）量化用户对产品的感性认知，基于模糊逻辑建立认知过程中脑电成分与产品意象之间映射关系的意象推理数学模型。

在设计学科中应用脑电技术目前还不够成熟，尚处于探索阶段。实验环境、采集质量、测试对象、测试流程等都会影响实验的结果。比如，以上有的实验结果之间存在矛盾，如 N2 幅值大时到底是体现被试满意度高还是低。可见，脑电图特征目前并不能作为判定被试对产品意象偏好的确定参数。

四、眼动与脑电技术联合评价方法

事件相关电位仪往往采用 Oddball 范式进行实验，即采用"实验指导语-500ms 目标图片/无关图片-800~1200ms 随机空屏"的流程进行，与眼动仪实验的实验对象、实验过程有着相似性，且具有互补性。已有

---

① 陈默，王海燕，薛澄岐，等. 基于事件相关电位的产品意象-语义匹配评估 [J]. 东南大学学报（自然科学版），2014, 44（1）：58-62.
② HOU G, LU G. Semantic Processing and Emotional Evaluation in the Traffic Sign Understanding Process：Evidence from an Event-Related Potential Study [J]. Transp Res Part F Psychol Behav, 2018, 59：236-243.
③ 杨程，陈辰，唐智川. 基于脑电的产品意象推理模型研究 [J]. 机械工程学报，2018, 54（23）：12-26.

不少研究者将两种研究方法联合起来，将涉及视觉美学流程的多模态生理信号整合，以获得更令人信服的研究数据，并量化分析产品的视觉美学。

Guo 等①整合眼动追踪指标和脑电图测量，结合主观视觉美学评价，针对 LED 台灯三维原型模拟美学欣赏流程，以区分和量化产品的视觉美感。结果表明，信息检索中涉及的眼动追踪指标可以区分产品的视觉美感，低和高美学的灯具之间的平均注视持续时间显著不同，并且瞳孔大小没有显著变化。信息处理中涉及的脑电图测量可以区分低视觉美学与产品的中、高视觉美学，α 和 γ 节律的相对能量应该与感知相关联，低美学灯诱发显著减弱的相对 α 节律和增强的相对 γ 节律。唐帮备等②联合眼动和脑电进行汽车工业设计用户体验的评价，评价较高的设计方案获得了更多的注视时间、注视次数，热点图颜色更深，脑电图中的 P300 成分也更高。通过对处理后的眼动数据、脑电数据和用户主观评价进行相关性分析，证明相互之间可以验证，并建立用户体验多为综合评价模型。

五、结论与展望

作为吸引消费者注意力的前提，产品意象已被确定为产品设计和营销中的关键角色。因此，用户进行产品意象评价时的机制和偏好有着不可忽视的重要性和必要性。在传统主观方法的基础上，结合客观的生理测量量化数据，捕捉用户在产品意象检索、体验、评价任务方面的响应，获得更为可靠的多模态物理信号。生理测量确实捕捉了用户对实验对象的响应过程，也正以更为可靠的方式捕捉用户对实验对象的体验评

① 　GUO F, LI M, HU M, et al. Distinguishing and Quantifying the Visual Aesthetics of a Product：An Integrated Approach of Eye-Tracking and EEG ［J］. Int J Ind Ergon, 2019, 71 （2）：47-56.

② 　唐帮备，郭钢，王凯，等. 联合眼动和脑电的汽车工业设计用户体验评选 ［J］. 计算机集成制造系统, 2015, 21 （6）：1449-1459.

价。从回顾的研究中可以看出，除了采用眼动仪、事件相关电位仪进行产品意象的客观评价，研究者更试图从这些生理数据中发现产品意象评价之间的关系，更进一步的是建立起生理数据与产品意象评价的数学模型，从而实现预测用户反映的最终目的。

由于眼动仪、事件相关电位仪的实验对象往往是图片、视频，被试以坐姿进行实验，实验中用户基于产品的视觉形象进行美学判断。Valtchanov 和 Ellard 认为颜色等低层特征是影响人的情感偏好、认知负载和眼动的首要因素。① 这些生理测量设备尚难以直接获知用户的感性评价，均采用主客观结合的方式进行，推导产品意象与用户评价、生理数据之间的关系，并据此建立产品意象评价的数学模型。用户对产品的可用性分析，从图片视频中只能获得初步的印象。目前眼动实验中涉及的交互设计分析，主要是针对场景较为单一的人机交互界面设计进行研究，一般通过分任务的方式进行。Andrew 等②发现，美观的产品给人以可用性高的印象，即感知易用性高，可能是简洁美观的产品能提高用户使用技术类产品时的信心。随着测试设备的发展，头戴式眼动仪、虚拟现实等的应用，已有可能即时分析更复杂产品的可用性。

① VALTCHANOV D, ELLARD C G. Cognitive and Affective Responses to Natural Scenes：Effects of Low Level Visual Properties on Preference，Cognitive Load and Eye-movements [J]. J Environ Psychol, 2015, 43：184-195.

② ANDREW B J, GEOFFREY S H. The Mediation of External Variables in the Technology Acceptance Model [J]. Information and Management, 2006, 43（6）：706-717.

基于感性工学的直立起立床设计要素研究①

在同质化日趋明显的消费市场，产品造型的情感化已成为产品设计必不可少的因素，也日渐成为消费者购买产品的重要因素。对于医疗产品的设计亦是如此，冷硬的仪器容易给病患者带来一定的精神压力，为缓解这种无形的压力，需要外观造型设计在满足功能性的前提下，考虑为人机交互带来轻松感和舒适感的设计策略。② 该研究以感性工学为理论与方法基础，以直立起立床为研究对象，结合眼动实验和评价构造法，获取产品造型的魅力要素，从而指导直立起立床的设计实践，也为设计出更符合用户情感需求、更加人性化的医疗产品提供一定的借鉴。

一、感性工学概述

感性工学通过将用户对产品抽象的感性体验转化为理性具体的产品设计要素，帮助设计师更精准地把握用户的感性需求，设计出更符合用户情感的产品。感性工学的一般研究方法包括评价构造法、数量化一类分析，并在实验过程中综合运用资料收集、用户访谈、问卷调查、文献研究、数据分析与处理等相关研究方法。③

---

① 原文发表于《工业设计》，2020 年第 3 期，系上海市大学生创新创业项目"基于感性工学研究的直立起立床设计"成果，作者：孟维维，夏敏燕，李一凡。

② 周毅晖. MRI 设备外观造型设计的产品语意表现［J］. 装饰, 2018（2）: 134-135.

③ 丁悦. 感性工学在可穿戴设备设计中的应用研究［J］. 工业设计, 2019（3）: 152-153.

二、基于感性工学的直立起立床设计要素的分析流程

（一）确定实验样本

通过相关网站、医院、杂志等各种渠道收集现有直立起立床图片，并根据造型、结构、色彩、材质等方面进行初步的筛选，保留 50 个样本。为避免样本图片的背景、角度等因素对被试造成干扰而影响后续的实验结果，对收集到的图片进行处理和进一步的筛选，将带有背景的样本图片处理为统一的白色背景，并进行镜像、旋转等操作使其采用统一透视角度。对 50 个样本反复比较，去掉差异化较小、特色不鲜明的样本，最终保留极具代表性的 10 个样本，并将 10 个样本的屏幕显示尺寸统一为 20×20cm 便于后续的实验研究。

（二）提取魅力要素

为收集直立起立床的魅力要素，该研究采用评价构造法的原理进行深度访谈，以指导后续直立起立床的设计实践。评价构造法主要是通过个人访谈，经过对物件 A 与 B 的成对比较法，明确讨论出物件的相似或差异关系后，通过整理归纳被访者的回答，从而分析出用户在众多同类产品中的情感偏好。[①]

该研究挑选了具有直立起立床设计经验以及了解直立起立床的医护人员共 6 名进行一对一的深度访谈，并对访谈全过程进行录音和记录，便于后续的分析。评价构造法的访谈包括上位、中位、下位三个不同层次的评价项目。以此次访谈为例，先按照评价构造法的原理让被试对 10 个直立起立床样本进行分类，接着询问被试分类的抽象理由将其作为上位评价项目，询问分类的原始理由将其作为中位评价项目，询问分

---

① 席乐，吴义祥，叶俊男，等．基于魅力因素的微型电动车造型设计［J］．图学学报，2018，39（4）：661-667.

类的具体理由将其作为下位项目。① 例如，被试回答分类的原始理由是现代设计感，便可以接着询问被试直立起立床的哪些特征或细节体现让他做出这样的分类，绿色皮质、柔和的曲线等要素作为下位评价要素。再如被试回答分类的原始理由是造型，便将其作为中位评价项目。另外，如被试的回答是机械感，便将其作为上位评价项目。

先对 6 名被试的表述分别制作出各自的评价构造图，再将每名被试的评价构造图进行归类整合得到最终的直立起立床评价构造图。依据上位评价项目、中位评价项目及下位评价项目被提及的次数进行排序，选取提及次数最多的项目作为主要魅力要素。通过整理归纳可分为形式、色彩、功能、材质四个类别，并根据类别将主要魅力要素进行归类从而得到魅力评价表（见表 3-1）。

表 3-1　直立起立床魅力评价表

类别	形式（X1）	色彩（X2）	功能（X3）	材质（X4）
项目	X1-1 应用典型的纹理图案 X1-2 简洁概念的几何形态 X1-3 清晰可见的活动构件 X1-4 相对协调的形态比例	X2-1 色彩丰富 X2-2 简洁统一 X2-3 温和亲切 X2-4 未来炫酷	X3-1 可供就餐的桌板 X3-2 保障安全的两侧扶手 X3-3 床板模块化，以调整患者姿态	X4-1 亲切纺织床面 X4-2 舒适皮革床面 X4-3 稳固钢铁床架 X4-4 轻质塑料材质

（三）眼动测试与魅力程度评分

为了量化直立起立床的魅力程度，邀请 50 名受测者对 10 张直立起立床样本图片进行魅力评分，并将魅力程度评分与眼动测试结合起来，

① 张抱一. 基于偏好的设计：魅力工学及其在产品设计中的应用研究［J］. 装饰，2017（11）：134-135.

在测试过程中 10 张样本图片依次呈现，每张样本图片呈现 5s 后自动跳转到魅力评分，被试根据 5s 的观察对样本图片进行 1~10 分的魅力程度评分。

眼动仪一般以注视时间、注视位置、眼跳次数、追踪轨迹、瞳孔大小、眨眼频率等参数为依据，来推测用户的认知、情绪、喜好与习惯。[1] 该研究中眼动测试采用的是 Tobii 眼动仪，频率 60Hz。利用 Tobii 眼动仪的视觉跟踪技术，可记录到被试较为感兴趣或关注的空间位置和注视时间以及被试的视觉轨迹移动情况，从而形成热点图和路径图。[2]

实验邀请的 50 名被试，年龄范围控制在 18~50 岁，裸眼或矫正视力在 1.0 以上，无色弱、色盲、夜盲症及斜视。为了保证被试整个测试的舒适度，在实验过程中不使用任何固定设备，但要求距离屏幕 65cm 左右，不要随意晃动。在测试之前对每一位被试进行预实验，部分被试因为眼动速度或视力问题不能被眼动仪捕捉或捕捉不完整，不再继续参与实验，最终留下 45 名。

（四）魅力要素评分与一对一访谈

每一名被试在进行眼动仪测试之后首先进行网上问卷的填写，对刚刚观察的 10 张样本图片进行魅力要素的评分，针对上述魅力要素评价表中的每一"具体评价项目"，可选择符合记为"1 分"代表样本具备其特点，而不符合记为"0 分"代表样本未具备其特点。问卷填写完成后被试接受一对一的访谈，访谈者询问被试在对 10 张直立起立床的样本图片进行评分时，最低分及最高分的评分理由，引导被试从形式、色彩、功能及材质这四方面进行回答，被试所回答的主观信息可作为此次客观研究的补充性材料，对访问过程进行录音，便于后续的整理归纳

---

① 康丽娟. 眼动实验在设计研究中的应用误区与前景：基于国内研究现状的评述 [J]. 装饰, 2017 (8)：122-123.
② 刘雁，吴天宇. 基于眼动仪实验法的水墨招贴视觉差异性研究 [J]. 设计艺术研究, 2015, 5 (6)：31-36.

总结。

三、数据分析

（一）眼动测试数据分析

在进行眼动测试之前，测试者已根据直立起立床的结构特征将 10 张样本图片分别进行兴趣区域（Area of Interest，简称 AOI）的划分，分为床面、床架、护栏、臂力支架、脚踏、手托板 6 个重要部分，便于后续的分区研究。测试后形成的部分热点图和路径图，见图 3-37。

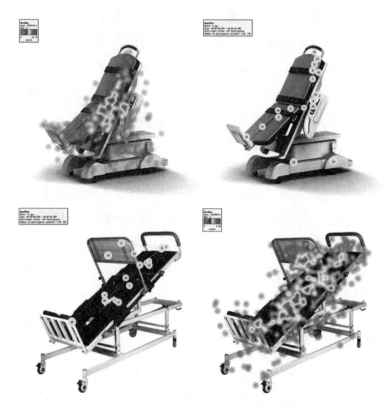

图 3-37　眼动仪实验部分热点图（左）和路径图（右）示例

　　通过观察 45 名被试眼动仪实验的热点图并结合兴趣区域可以得知，被试的视觉热点集中在护栏、手托板 2 个保证安全和提供便捷的区域以及作为主体区域的床面，而对臂力支架、脚踏以及床架 3 个区域关注度较低。从路径图也可以看出被试首先观察及观察次数最多的均是护栏以及护栏与床面衔接的部分，有些被试在观察过程中甚至会完全忽略其他结构。

（二）魅力要素评分与访谈结果分析

　　结合眼动测试后对被试的一对一访谈，可进一步证实被试对直立起立床的安全性和便捷性的高度重视。他们首先较为关注护栏和手托板的设计，其次关注的是床面的舒适度，相较于纺织面料，被试更看好皮革的舒适性和易清洁性。从访谈中也进一步了解到裸露、结构较简单的床架给被试以不安全、不稳固的心理感受，而厚重和包裹起来的床架则给被试功能多和安全的心理感受。在床面的装饰及颜色选取上，整体简洁无繁复花纹以及稍明亮一点的颜色更受青睐。

　　将魅力程度评分的结果进行统计和分析，评分最高的是样本 4，其次是样本 7（见图 3-38）。可以看出样本 4 和样本 7 均将裸露冰冷的床架包裹起来，采用舒适的皮革床面，安全灵活的护栏，区别是样本 4 的床面进行了模块化处理，可满足使用者的不同姿态使用，床面的颜色选用简洁的蓝色，相较于沉重的黑色更具亲和力。评分结果与眼动测试及访谈分析基本吻合。

（三）问卷数据分析

　　将问卷所得数据进行统计得出 10 个样本的魅力要素平均分（见表 3-2）。从表 3-2 中可知魅力要素平均分最高的仍是样本 4，为 0.67 分，接着为样本 7 的 0.65 分，与魅力程度评分的结果相吻合。进一步分析样本 4 的具体魅力要素评分（见图 3-39），可以看出得分最高的魅力要素为

X1-3 清晰可见的活动构件；X3-3 床板模块化，以调整患者姿态；X4-3 稳固钢铁床架。

图 3-38　样本 4（左）和样本 7（右）

表 3-2　魅力要素平均分汇总

样本编号	1	2	3	4	5	6	7	8	9
魅力要素平均分	0.56	0.49	0.53	0.67	0.56	0.50	0.65	0.58	0.49

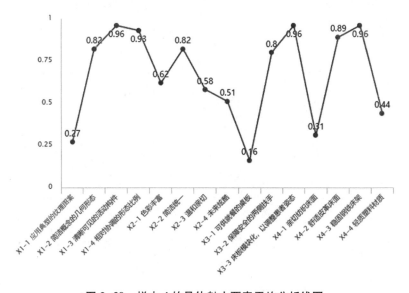

图 3-39　样本 4 的具体魅力要素平均分折线图

四、结论

基于研究认为，在进行直立起立床的设计实践时，设计者应首先保证其安全性和便捷性，体现在稳固的床架以及灵活的护栏和手托板上，而将裸露的床架包裹起来可增加亲和力。可以在满足基础功能的基础上将床面进行模块化处理，方便患者调整姿态，选择较舒适的皮革材质以及简洁统一的形态和配色。

感性工学是帮助设计师更加理性分析用户情感需求的有效方法，结合眼动实验和魅力要素分析，将人们对产品的感性认知进行量化，从而帮助设计师设计出更符合消费者情感需求的医疗产品。

第四篇
体验与服务设计实践探索

简约化设计策略及其在失眠治疗仪中的应用①

简约设计理念源于世界建筑史上的现代主义运动，其本质是强调以功能为中心，以简洁的形式为表现手段，将设计中的元素包括形态、色彩、照明、原材料、交互方式简化到最少，以达到以少胜多、以简胜繁的效果。在产品的全生命周期中，不断上演着螺旋式的设计进化，由最初的功能至上，到不断附加新功能而使设计变得复杂、烦琐时，便考虑"去设计化"，做设计的"减法"。科学技术的进步、材料与加工工艺的发展，使产品形态的自由度更高，趋于采用更小型化、简单化的几何形态，而在细节上进行精推细敲、精工细作。对于简约设计方法，已有众多学者对此进行了研究，国内学者主要从文化、美学的角度分析，国外不少学者则从交互设计角度出发，如尼尔森认为，简约化设计是启发式评估界面设计标准之一，利于降低用户的工作负荷。吉尔·科尔伯恩则以理性的思维对软件界面中的交互设计提出了"删除、组织、隐藏、转移"4 种简约化设计策略。② 本文试图从工业设计角度深入分析简约化设计策略背后的人机学原理与方法，并在失眠治疗仪设计中应用简约化设计方法。

---

① 原文发表于《包装工程》，2018 年第 10 期。
② 科尔伯恩. 简约至上：交互设计四策略 [M]. 李松峰，秦绪文，译. 北京：人民邮电出版社，2011：64-176.

169

一、简约化交互设计策略

简约不是简单、简陋，不是缺乏设计要素，而是一种更深层次的创作境界。根据人与产品的关系进行产品的"单纯化"设计，在形态、功能上删繁就简，突出意境的"单"，在材料工艺上追求精致，在交互方式上方便操作，突出内在功能精粹的"纯"，看似无为，实则有为。

简约的交互设计应该使用户在初次使用时就能试探性地正确使用产品。"初遇即知即用"的特性，也就是设计心理学家唐纳德·A. 诺曼引入设计领域的"可供性"概念。许晓峰、高颖①提出了从可供性要素、程度和关系三大方面进行综合评价。就要素评价而言，产品具有"功能可供性、认知可供性、行为可供性和感官可供性"4 类可供性。简而言之，就是使产品具有有用的、可用的功能，易理解的、可操作的、可感知的界面。简约化交互设计通过精简功能，对必不可少的功能进行组织、隐藏与转移，从而让界面更为精练，更易识别、理解和操作。

（一）精简删除不必要的功能与信息

认知心理学家杰姆斯·J. 吉布森提出的功能可见性概念指出，用户首先感受到的是产品所具有的功能性，然后才去感知设计的存在。作为一种社会实践的设计，要以"构筑人类应有的生活"为目标，要通过内省、反思"存在"，用设计构建一个"应在"的哲学层面的世界。② 希克定律说明，当一个人面临的选择越多，所需做出决定的时间就越长。奥卡姆剃刀原理也说明，如无必要，不要增加实体，而是要选

① 许晓峰，高颖. 服务设计中的可供性评价体系及其应用研究［J］. 装饰，2015（2）：108−110.
② 宫崎清，刘润福. 鉴古视今，重绘愿景：论日本设计之"当为"［J］. 装饰，2015（12）：12−19.

择最简单的设计。由此，在进行新产品开发前，都需要明确产品的核心功能，对什么是简单的用户体验有一种清晰的认识，从而为后期的产品评估建立一个简单的标准。

通过用户研究、专家访谈、可用性测试等方法，确定功能优先级与核心功能，删除杂乱的特性，让设计师专注于有限的重要问题，改进核心体验。用户也更趋向于行动，甚至按照设计师意图进行操作，同时也要避免错删，不能削减应有的功能。通过人与产品持续的互动挖掘真实、稳定的情感①，持续优化产品，削减其中影响易用、通用的成分②，形成简洁明了的产品功能定位。

（二）合理组织必要功能与信息

在明确产品功能后，再进行组织界面信息。凡是简洁美的东西都有一个共性，那就是在外观造型中的各元素存在一定的和谐、统一的关系。人的视觉和心理惯于接受有序、简洁与和谐的形态。有序与和谐让人对事物的心理感觉单纯化、规律化以及整洁化。简约设计将各种符号、元素等进行归纳与整理、有序组合，以符号化的方式、独特的设计语言展现给用户③，从而实现设计上的简化。

如何有序组织信息，在不少人机工程学书籍中已有相关论述，如丁玉兰提出"按仪表的重要性程度排列、按使用顺序排列、按功能进行组合排列、按最佳零点方位排列、按视觉特性排列、按仪表与操纵器的相合性排列"④。辛向阳认为，相对于"强调物的自身属性合理配置的决策依据"的"物理逻辑"，"合理组织行为作为决策依据"的"行为

---

① 诺曼．设计心理学 3：情感设计 ［M］．何笑梅，欧秋杏，译．北京：中信出版社，2012：32.

② 肖亦奇，张凌浩．"平常至极"设计观在当代日用产品中的应用 ［J］．包装工程，2014，35（8）：59-62.

③ 郭林森，杨明朗．极简主义在日常用品设计中的应用研究 ［J］．包装工程，2015，36（12）：127-130.

④ 丁玉兰．人因工程学 ［M］．上海：上海交通大学出版社，2004：130-131.

逻辑"可以指导设计方法，尤其是从情景设计到用户界面信息架构的转化。① 两者的论述并不矛盾，依据用户的"行为逻辑"分析用户在特定情景下的行为，而用户的行为往往是按照重要性、使用顺序、产品功能等方式来进行的。

（三）隐藏非核心的功能与信息

隐藏比组织有一个明显的优势，就是用户不会因不常用的功能分散注意力。产品可以包含供主流用户使用的核心功能或控制部件，以及为专家级用户准备的扩展性的、精确的功能或控制部件。而专家级功能或控制部件往往主流用户使用较少，通常适合隐藏。通过隐藏这些精确的功能和控制部件来实现简洁的形态，如原来的电视机设置频道等精确控制的按键与旋钮隐藏在盖板背后，使整体显得干净利落。

就像瑞士军刀、滑盖手机、抽屉一样，在软件或硬件界面中利用折叠、滑轨、文件夹等结构形式进行整理，实现形式上的简化。随着用户逐步深入使用产品而展示相应的功能，像软件中的具备高级特性的绘图工具在工具箱中以一个小三角形图标表示，硬件界面中采用把手、符号等形式，这样采用了应邀探索设计模式，从而让隐藏的功能更易被发现。

（四）转移不擅长的功能与信息

泰斯勒定律认为，每一个过程都有其固有的复杂性，存在一个临界点，超过了这一临界点就不能再简化了，只能将固有的复杂性进行转移。让用户感觉产品简单好用的一个前提是厘清人机功能分配，把正确的功能放到正确的平台或者正确的系统组件中去，让人和机器各自去做擅长的事。技术的发展使机器可以承担更多智能化的功能，但也要避免

---

① 辛向阳. 交互设计：从物理逻辑到行为逻辑 [J]. 装饰, 2015 (1)：58–62.

让用户失去掌控感，可以通过创造开放式的用户体验，让用户可以根据自己的需要重新定义产品功能。基于系统思维，不限于人机工程问题，而是综合考虑社会、经济、科技发展水平等更广泛的条件，进行人机合理分工，找到解决问题的最佳均衡点。

二、失眠治疗仪的简约化设计

失眠，又称维持睡眠障碍，日常生活中很常见，工作压力大的青年、备受工作家庭烦扰的中年、身体机能衰退的老年都可能遭受失眠的困扰。失眠会导致记忆力下降，加速人体衰老，导致脱发，引发焦虑、抑郁、睡眠呼吸综合征及其他疾病。采用 CES（Cranial Electrotherapy Stimulation，经头颅微电流刺激）疗法的失眠治疗仪采用低频率、小强度、微电流，刺激大脑边缘系统，影响并改善异常的脑电波，促进大脑分析改善疾病的神经递质和激素，缓解抑郁、焦虑、失眠问题，并避免了安眠药等药物的副作用，受到了社会的广泛欢迎。对家用型失眠治疗仪这一个人健康产品来说，其使用对象、使用方式、使用环境与普通医疗产品有着本质上的区别，在设计上更为注重用户的体验愉悦度。通过简约化设计，让产品自然而然地将复杂的技术展现在用户面前，创造简单的用户体验。

（一）为目标用户群明确产品核心功能

经过用户研究、访谈等方式，研究团队发现治疗失眠除了食疗、物理治疗，更要解除心理上的焦虑与恐惧。失眠治疗仪除了满足"实用性"的功能层面的需求，还要满足用户与产品、用户与商家、用户群之间的互动适用性和易用性的心理及生理层面的需求，满足用户多维多变的本性体验需求。使用者与厂家各自面对的问题见图 4-1。随着大数据技术、互联网技术的发展，这些产品功能都能在产品上得以体现，但产品最为核心的功能仍是通过微电流刺激患者改善脑电波，用户第一次使用时设定相关数据，以后每次使用只需使用默认值，即可一键操作，也可方便地在界面中设置刺激强度与刺激时间。围绕着这一核心功能，优化产品形态、使用界面及耳夹形态。

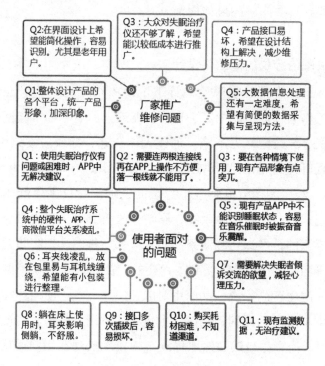

图 4-1 使用者与厂家各自面对的问题

（二）围绕用户行为组织产品功能与信息

失眠治疗的使用情境不仅仅限于"家用"，而更应置于广博的环境中去分析用户的使用行为。将产品/服务/环境置于系统的整体语境中，全面考虑该产品系统内所有相关要素间的关系①，构建在特定情景下的

① 赵超．构建基于患者体验的健康产品–环境–服务设计创新［J］．装饰，2016（3）：12–18.

行为模型，这里的情景包括目标情景、物理情景、心理情景等①，从而有利于合理分析用户行为特征并定义需求模型，组织产品功能与信息。在使用场景方面，可以在上班途中，可以在中午办公室休息时间，可以在出差途中使用失眠治疗仪，使用环境多变，要求能携带方便，整体形象更为简洁、易用、不突兀。将同一类信息组织起来，并按照使用重要性和使用频度将界面分为：CES 治疗、失眠社区、咨询厂家、"我" 4 个模块。用户不仅可以获得 CES 治疗，还可以与其他用户进行交流，通过交流缓解用户对失眠紧张的情绪。用户还能通过 APP 咨询相关使用问题，并购买耗材及其他产品。而个人的失眠评估、失眠数据可以在"我"的信息中获得。厂家 APP 平台能快速反映市场需求，进行产品软硬件的快速迭代更新，用户能得到更为优质的后期维修与服务，用户与产品、厂家、医疗机构、其他用户间的关系见图 4-2。

图 4-2　用户与产品、厂家、医疗机构、其他用户间的关系

（三）隐藏产品的医疗属性

健康是一个私密的、个人的问题，其产品设计不仅仅需要考虑到安

---

① 袁晓芳，吴瑜. 可持续背景下产品服务系统设计框架研究［J］. 包装工程，2016，37（16）：91-94.

全性、实用性、有效性，同时还要考虑到用户的感受，考虑到用户的人性之情。国际通行的 PWB（Psychological Well-Being，心理幸福感）研究也表明，自我和社会化的过程拥有积极的自尊和自我掌控感，会与他人产生积极联系。[①] 医疗产品的形象特征，容易让用户感到羞愧，他们希望能像正常人、健康人一样，渴望得到关怀、社会的尊重，体现他们的社会价值。在很多个人健康产品的设计上，通过设计的简化，隐藏产品的医疗属性，从而让用户更乐于使用。失眠治疗仪应该像日常生活用品一样，既无科技感，也无医疗感，用户也更易接受。从这种意义上讲，失眠治疗仪有点像可穿戴设备，连接个人健康与医疗大数据，为个性化治疗和远程治疗提供产品和服务支持。杨浦设计的失眠治疗仪见图4-3，该设计采用简约圆滑的正方体形，整体都为白色，给人以干净整洁的感觉。用户也可能在辗转反侧、难以入眠、心情烦躁的情况下使用产品，对产品的舒适性也更敏感，要充分关怀用户的身心状况、使用舒适度。而传统的耳夹设计，往往让人不舒适，连接处也容易损坏。如若技术条件允许，可将耳夹设计成女性的耳环、硅胶质的耳塞等形式，采用蓝牙技术，减少连接处易损坏的问题，还能隐藏其医疗属性，更具时尚感。在界面上，采用书签方式进行归类与隐藏，显得整齐又简洁。当然也要避免为追求简洁性、一致性而隐藏过多，从而削弱产品的高效性。

图4-3　失眠治疗仪外观设计

---

① 李晓珊，张明．面向高龄用户的可穿戴产品设计研究［J］．装饰，2015（7）：101-103.

（四）构建"线上+线下"的功能重新分配

依据人机特性，建立起以"线上+线下"模式的服务系统，重新进行失眠治疗仪的功能分配，实现智能服务的目的。原有的很多失眠治疗仪集成了音乐、定时、显示、设定刺激强度等功能，这些功能可以转移到手机上，不仅减少失眠治疗仪本身的体积，降低成本，也让产品功能更强大。还可以利用 APP 开发新的互动性强的项目，除了在线消费、在线服务、维修外，还可以增加用户与分销商、用户与用户之间的微信平台为入口，呈现监测数据等技术及表现手段，从而改变目前 APP 内容枯燥无味、无实际的内容。通过自动记录相关数据，实现软硬件的横向对接，跟踪用户的购买记录、睡眠记录、身体各项指标的变化，通过更加精确和全面的数据采集，结合科学的算法，对失眠者的健康情况做出判断甚至预测。将监测数据以图形化的简洁明了的方式传递给用户，方便用户识读，增强用户参与度。

覃京燕指出，大数据时代下的交互设计，在架构应用层面表现为从专项孤立功能内容向多方关联体系聚合；在范式模型方面，交互设计从独立个体智能产品向智能生态环境系统发展。[①] 失眠者倾诉的欲望、寻找更多的舒缓情绪、解决失眠的方法，跟踪失眠者的睡眠状态，厂家整合产品形象、简化后期服务流程，提升品牌形象，需要信息化平台提供多种综合服务。通过整合 APP、微信平台、网站等服务系统，梳理各大平台的关系与内容，方便用户在各个平台上获得多维全方位的服务。

当然，目前大部分的移动医疗 APP 的用户活跃度都十分有限，用户黏滞度不够。在大数据分析方面，传统的个人健康管理产品在数据处理上存在以下问题[②]：（1）大数据的认知度不高，不具备分析数据的功

---

① 覃京燕. 大数据时代的大交互设计 [J]. 包装工程, 2015, 36 (8): 1-5.

② 谢文婷, 徐聪. 量化自我理念在个人健康管理产品设计中的运用 [J]. 包装工程, 2016, 37 (4): 79-83.

能；（2）缺少连续的监测数据；（3）无定时提醒用户进行监测的功能。现有的失眠治疗仪虽然能搜集用户进行治疗的时间，但对疗效、治疗建议、睡眠深度等缺少进一步深入的分析，也使呈现的数据缺少价值。实际上在大数据时代下，厂家、研究机构可以从大数据中获取群体意愿、群体意识与群体意象数据，对用户的潜在需求数据进行挖掘、开发和数据分类整理，而个体用户可以获得数据分析到的治疗时间、疗效、治疗方案等相关个人数据与个性化定制方案。公司可以加强此方面的技术开发与组织模式创新。

三、结语

Nigel Cross 认为，设计在信息时代更接近一种对话方式，是一个整合多学科的应用领域。[①] 失眠治疗仪要整合工业设计、生命科学、工程设计、信息设计等多学科资源，涵盖服务设计、包容性设计、人本设计、体验设计等不同设计研究领域。通过用户研究、原型测试、小规模试用、产业转化等阶段，通过设计与技术的创新，从人本设计的角度改进产品系统，从而提高患者的体验，增进患者的福祉。失眠治疗仪之类的健康产品也要从传统的医疗产品营运模式中跳脱出来，主动走近用户，与用户发生亲密接触，实现向服务体验型、价值创造型产品的转变。

---

① CROSS N. Designerly Ways of Knowing［M］. Berlin：Springer, 2006.

数字化社会创新视角下的
社区康复站点服务设计研究[①]

中国传统的养老文化是居家养老，随着我国人口老龄化的加速以及家庭养老功能的弱化，一种以家庭为核心，以社区服务为依托，以专业化服务为依靠[②]的养老方式成为能满足老年人健康生活、自我养老诉求的新途径。在社区养老服务理念下，一种社区康复站点也应运而生，以康复医院为实体，直接进入社区。这些居民小区中建立的康复站点相当于康复医院在小区中的门诊部，由医院派出人员直接管理运营，医院有直接的、绝对的控制权，可以从社区直接转诊病人到医院，从而解决患者就诊不便的问题。通过云数据、互联网，社区康复站点内的设备均可与网络相连，从而与康复医院相连接。这种社区康复站点从本质上讲，是个人和社区在解决问题或创造机会的过程中引发的变革，也是一种社会创新。[③] 社区康复站点在泛在化的网络、数字技术影响下，联结更多维的相关利益者，推动其内涵和形式上的变化。本文采用服务设计的理论与方法，对社区康复站点的相关利益者进行分析，通过用户旅程图梳理用户的痛点与需求，优化康复站点的基本内容与服务流程，构建康复

---

① 原文发表于《包装工程》，2020 年第 2 期。
② 王炜，胡飞，沈希鹏. 老龄心血管健康管理的产品服务系统设计研究 [J]. 包装工程，2018，39（2）：22-25.
③ 巩淼森，李雪亮，肖东娟. 面向数字化社会创新的医疗健康服务设计 [J]. 包装工程，2015，36（12）：24-28.

服务系统架构，对康复站点的云康复管理系统、康复治疗设备、室内环境这些接触点进行了整体设计与优化。

一、服务设计概念与方法

服务设计作为当前备受关注的设计领域，其本体属性是人、物、行为、环境、社会之间关系的系统设计[①]，既可以是有形的，也可以是无形的，连接的是商业定位和设计交付所涉及的种种细节。服务设计是以物质产品为基础和载体、以用户价值为核心、用户需求为主导、用户体验为重点的全方位设计，目标是提供集物质产品和非物质的服务为一体的综合解决方案。[②] 设计团队采用共同创造的设计方式，注重用户群的过程体验，发现特定环境下的资源和用户需求，综合考虑各个相关利益方需求，从而更理解产品和服务，提供满足各方需求的系统化解决策略。这里的相关利益方，视产品对象而不同，可能涉及产品使用者、经销商、厂家、设计师等角色，也可能涉及商业、组织、教育、政府等要素。在"人人都是设计师"的时代，不仅仅设计师对产品有话说，用户、经销商、生产商等相关利益者对得出产品与服务也有各自不同的理解。Ezio Manzini 在《设计，在人人设计的时代》一书中指出：人人生来都有设计的能力，但并非每个人都是合格的设计师。通过协同设计过程（Co-design Process），使大众设计向专业设计转变。[③] 总而言之，服务设计是通过共创方式，综合考虑各个相关利益方的需求，对产品的有形、无形的要素进行设计与优化。这也为设计师、创新者、企业家等提供一种可将服务系统连贯化的思维方式，从而提升用户体验感，创造或

---

① 辛向阳，曹建中. 服务设计驱动公共事务管理及组织创新 [J]. 设计，2014（5）：124-128.

② 姚子颖，杨钟亮，范乐明，等. 面向工业设计的产品服务系统设计研究 [J]. 包装工程，2015，36（18）：54-57.

③ 曼奇尼. 设计，在人人设计的时代 [M]. 钟芳，马谨，译. 北京：电子工业出版社，2016：43-61.

提升产品与服务的附加价值。

二、共同创造，充分理解用户

用户作为人机交互过程中的能动中心和服务创新的出发点，深入地研究用户的行为特征及其背后的心理特征有助于指导服务系统的走向。通过进社区访谈 5 个老年用户与家属、2 个康复医生、2 个康复产品工程师，分别进入 1 个现有康复站点与 1 个康复医院体验，设计团队明确潜在目标用户和可能的设计机会，厘清社区康复站点的相关利益者。除了康复病人外，家属、医生、技师、社工、康复医院、康复产品经销商、生产商等都属于相关利益者。

结合访谈与实地走访结果，设计团队召开设计工作坊，共同探讨患者在社区康复站点的康复治疗过程前后的使用场景和可能的产品形态、界面交互方式，寻找用户的痛点，避免设计师设计的产品/服务与最终用户和使用场景出现断层，不具备商业价值。按照入站前、就诊前、就诊中、就诊后、离站后五大流程进行分析，发现患者的痛点和核心需求，寻找机会点（见图 4-4）。研究团队发现：患者及家属主要希望得到社区康复站点的清晰介绍，能够提前预约，减少等待时间，获得相关康复信息，康复设备能租借回家使用，方便在家操作康复设备，能与其他患者交流。医生/技师希望通过设计将流程简单化、典型医嘱模块化、产品操作视频化。医生也希望通过大数据跟踪患者，获知康复治疗方案效果。商家希望技师能获得用户的反馈与产品疗效。

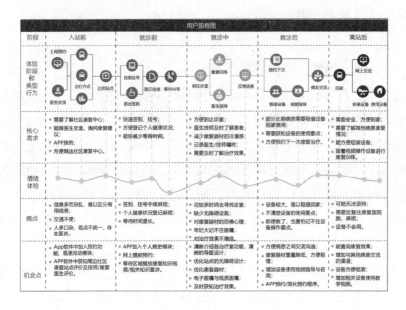

图 4-4 康复病人用户旅程图

三、社区康复站点的整体规划

(一)构建"线上+线下""个体服务+公共服务"的服务系统

泰斯勒定律(Tesler's Law)认为,当产品/过程的复杂性超过其临界值时,只能将其复杂性进行转移。依据人机特性,建立起"线上+线下"模式的康复服务系统,重新进行康复服务系统的功能分配,实现智能服务的目的。通过开设线下的社区服务中心,主动走向用户群体,通过微信公众号与 APP 扩大受众面,联结患者、家属、医生/技师等相关利益者,从而构建起"线上+线下""个体服务+公共服务"的服务系统。以服务中心的物理网点为载体、线上平台为延伸,以休闲化的空间布局、开放式的产品展示,促进用户与产品之间的服务交互,营造温馨、愉悦的用户体验,扩展传统的销售渠道,优化社区康复站点空间。整个智慧康复服务系统架构如图 4-5 所示。

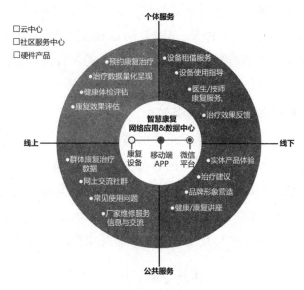

图4-5 智慧康复服务系统架构

（二）优化康复站点的基本内容及服务流程

社区康复站点内设导医台、健康评估与远程诊疗区、康复指导/等候区、康复治疗服务区。在健康评估与远程诊疗区内，医生通过远程或现场了解患者的病症以及治疗过程与疗效等，给出相关的健康干预指导，辅助患者设定健康计划并坚持跟踪调研患者的实施程度。康复指导/等候区中，通过开展科普教育讲座或播放相关视频，提高患者的认知水平，让患者在进行康复治疗的同时采取科学有效的饮食、运动，也使等待不至于过于枯燥。康复治疗服务区为不同类型患者提供特殊的、有针对性的康复服务，本社区康复站点主要提供电动起立床、二段式手法床、三段式手法床、电动护理床、电动护理起立床、失眠治疗仪、生物反馈康复仪等康复设备。（见图4-6）在梳理社区康复站点中的服务体验过程及相关的复杂接触点时，本项目在用户旅程图的基础上，兼顾到医生/技师的需求，在APP中加入病人信息模块，并加入电子医嘱，以减少反复回答、反复输入信息的重复劳动。患者可以按照"导医台问询/登记—进行远程诊疗/健康评估—等候/听取康复指导—接受康复治疗服务—返回导医台缴费/预约下次/租借设备"的流程进行康复治疗。

四、分析接触点，优化服务过程

服务设计中一个重要的概念是接触点，Daniel Saffer 认为，接触点是存在于用户和服务系统之间的核心要素，通过时间、使用情境、行为、心理等维度帮助建立起用户和系统之间的体验链。接触点可以是数字接触点、物理接触点和人际接触点。分析社区康复站点中的各个相关接触点及其互相的关联与互动，有利于提升用户对整个服务的体验感。

（一）数字接触点：云康复管理系统

作为整体医疗解决方案的一部分，移动医疗已然成为一种新的趋势。① 社区康复站点通过云康复管理系统联结患者、医生/技师。云康复管理系统包括以下主要功能：病人康复信息记录、病人信息管理、双向转诊、远程视频会议、数据统计与查询、量表评定等。② 云康复创新了一种康复诊疗模式，改变了现有就医模式，让康复进小区；利用云技术，进行康复病人大数据管理，实现慢病管理与精准康复。在系统界面与交互设计上，依据患者/家属/技师不同人群在不同情境下的使用习惯与情境，便于操作交互，充分考虑不同用户的使用场景，包括患者在康复站点扫码使用仪器，家中使用 iPad 查询康复数据，医生/技师输入数据、查询数据、远程指导等。

在后续系统化优化方面建议将数据进行可视化设计，避免出现大数

---

① WEI R, YANG Z. Design and Implementation of Doctor-Patient Interaction System Based on Android [C] //2015 International Conference on Intelligent Systems Research & Mechatronics Engineering. Zhengzhou, 2015: 580-583.

② 于壮云. 基于云康复系统的架构与测试 [J]. 科学信息化, 2017 (12): 179-180.

据的认知度不高，不具备分析数据的功能，并进行连续的监测。① 云康复信息管理系统应能及时给出康复效果评估，从而激发患者的自我效能，即患者通过对自身情况的评估，掌握内外因素，从而产生积极的行为，并获得最终成功的信心和自我控制力。

（二）物理接触点：康复理疗设备

将产品/服务/环境置于系统的整体语境中，全面考虑该产品系统内所有相关要素间的关系②，建构在特定情景下的行为模型，这里的情景包括目标情景、物理情景、心理情景等③，从而有利于合理分析用户行为特征并定义需求模型，深化接触点的设计。

产品的"物理接触点"，也就是有形的要素方面，由于硬件界面的简化，必然要求将产品较为复杂的界面转移到软件界面中。将康复理疗产品利用模块化设计解决健康理疗产品系列部分功能类似导致重复设计问题、易用性问题，同时模块化设计也利于循环利用、方便清洁维护。采用绿色、白色皮质覆面，给人以清爽干净之感，突出部分尽量采用弧形、弧面，在支架底座上采用直条形空心钢质型材，降低生产成本，减轻产品重量，方便搬运。

---

① 谢文婷，徐聪. 量化自我理念在个人健康管理产品设计中的运用 [J]. 包装工程，2016, 37 （4）: 79-83.
② 赵超. 构建基于患者体验的健康产品-环境-服务设计创新 [J]. 装饰，2016 （3）: 12-18.
③ 袁晓芳，吴瑜. 可持续背景下产品服务系统设计框架研究 [J]. 包装工程，2016, 37 （16）: 91-94.

 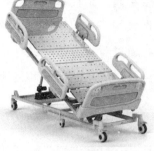

①三段式手法床　　　　　　　②电动护理起立床

③电动起立床

图 4-6　部分康复产品设计

　　在社区康复站点室内设计上，同样采用浅绿色调与木质型材，给人以温馨之感。尽量使用圆弧面，减少患者在空间中的磕碰与受伤。利用地面颜色产生不同分块，采用帘子形成私密空间，如图 4-7 所示。

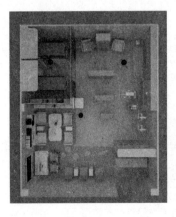 

①俯视图　　　　　　　　　②远程诊疗

 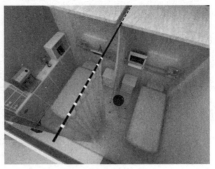

③等候区　　　　　　　　　　④私密康复空间

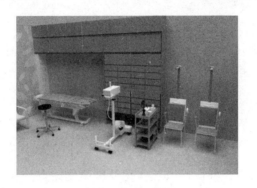

⑤开放式康复空间

图4-7　某社区康复站点室内设计图

（三）人际接触点：全方位的优质服务

在"人际接触点"方面，建立用户与厂家、工程师、经销商之间的沟通通道，使厂家能快速反映市场需求，进行产品软硬件的快速迭代更新，用户也能得到更为优质的后期维修与服务，同时建立起用户群之间的交流平台，通过交流缓解用户对使用康复设备的紧张情绪。用户可以在前台咨询服务人员，预约/签到/租借康复设备。在健康评估与远程诊疗区，可以现场进行健康评估，或通过电脑设备、视频等咨询个人医生，查看医生的康复治疗建议，获取康复信息，从而帮助患者树立正确的信念，促进患者拥有的生活方式、康复理疗方式，形成良性的知识、信念、行为因果递进关系。在康复指导/等候区，可以与病友交流，也可以有家人陪伴，减少等待的无聊感。患者回到家也可以通过患者群与病友交流，这种交流有利于使患者群里形成压力、规则和凝聚力，群体中的骨干引导和示范作用，使群体中的患者个体产生积极康复行为。在康复治疗服务区中，有私密空间，也有开放空间，以满足患者不同的需求。

五、总结

社区康复站点作为一种新的康复医院尝试，随着业务内容的扩大，患者、家属、医生、技师、社工等相关人员的互动也将渐趋复杂。利用服务设计的流程与方法进行梳理与设计，发现用户需求，从患者和医生/技师角度思考分析各个接触点，将有助于提升相关人员的体验感。由于项目时间、经费、可行性关系，有些患者需求暂未获得满足，在后续的设计中将继续采用服务设计方法优化社区康复站点的服务与产品。

云康复管理系统下的康复理疗床系列产品设计①

当前中国老龄化问题严重，而中国人传统的居家养老观念对现有的医疗条件和健康管理水平提出了新的挑战。居家养老的老年人健康管理、康复需求正逐渐以家庭为核心，以社区服务为依托，以专业化服务为依靠②，社区康复站点也就应运而生。社区康复站点是以一家康复医院为实体，允许其周围的患者在康复阶段可以选择在家中或在康复站点进行自我管理和治疗，通过适量的康复锻炼和理疗，改善患者的健康状况，提高生活质量。这也是一种由行为改变的自下而上的社会创新。③本文以供社区康复站点使用的多功能康复理疗床系列产品为媒介展开研究，同时也考虑到租借到家使用的场景。基于用户的生理、心理需求、使用环境的特征分析，提出云康复理念下的多功能理疗床系列产品的设计原则与关键技术，并进行系列产品的规划与创新设计。

一、理疗床用户需求与使用场景特征分析

本系列产品包括电动起立床、二段式手法床、三段式手法床、电动护理床、电动护理起立床。电动起立床通过帮助偏瘫、截瘫、长期卧床

---

① 原文发表于《包装工程》，2019 年第 20 期。

② 王炜，胡飞，沈希鹏. 老龄心血管健康管理的产品服务系统设计研究 ［J］. 包装工程，2018，39（2）：22-25.

③ JEGOU F, MANZINI E. Collaborative Services: Social Innovation and Design for Sustainability ［EB/OL］. Ersilia Foundation，2014-10-11.

等患者完成仰卧位到站立位，从而帮助患者顺利过渡到步态训练。二段式、三段式手法床的床面分成二段或三段，各段装有气动弹簧，可调节角度，以方便技师提供多种体位的康复理疗，提高患者的康复效率。手法床还有其他段数，如四段、六段、八段、九段。电动护理床是为行动不便的患者设计的病床，具备起背、抬腿、翻身等功能，避免患者产生褥疮等问题。电动护理起立床则兼具起立床与护理床的功能。这些产品的用户与使用场景有如下特征：

（一）用户生理特征

电动起立床、电动护理床、电动护理起立床使用患者往往是中风、摔伤骨折、车祸意外导致偏瘫、截瘫、长期卧床，行动能力下降。二段式、三段式手法床使用者往往是颈椎病、胸椎病和腰椎病的长期病患，尤以老年人居多。不同于普通人，患者每天的锻炼、理疗是以康复为目的，是需要谨遵医嘱的视个人健康状况而定的科学计划。医生需要对病人跟踪观察、给出科学的建议与指导，从而帮助患者排除危险因素，科学有效地改善身体状况。

（二）用户心理特征

当个体从社会角色转化为病人角色，尤其是长期行动不便的病人时，往往会出现种种不适应。患者有意愿恢复健康却不能实现，或短期内无法实现，需要依赖家人、护工、技师，产生羞愧感、挫败感。病人希望得到别人无微不至的关怀与照顾，有些病人情绪易波动，对环境变化比较敏感，耐受力下降，主观体验感增强。

（三）环境特征

该系列产品不仅可以放置在社区康复站点中，还允许租借到家使用。在康复站点中，努力营造的是社区的温馨、温暖、互助。正如 Kurt

Lewin 所言的群体动力论，个体在群体环境下，会受到群体的影响。通过设计，让病友间传递一起努力的动力。而在家庭环境中，由于缺少医生的直接指导，家庭空间限制，对康复理疗床提出了更严格的要求。

二、康复理疗床设计原则

随着数字化的技术和工具的普及，通过与其他医疗资源整合，形成相关领域的知识共享与行业合作，康复理疗产品也变得更为智能化、精准化。基于理疗产品用户需求与使用场景特征分析，现有技术条件，提出以下产品设计原则：

（一）安全性原则

康复理疗床系列产品使用对象往往是四肢无力、行动不便的患者，或者是老年慢性病患者，若使用不当，可能导致摔跤、用力过猛或肌肉拉伤。要对操作界面元素精心安排，避免用户错误操作。产品形态语义上若模糊、缺失、矛盾或错误，极易引起用户认知困难与失误。同时应减少用户失误而产生的危害及负面结果，给予用户补救机会。[①]

（二）适应性原则

康复病人病情程度以及个体体质存在差异，需要接受的康复训练或治疗各不相同。由此产品应具备可调节功能，以适应不同患者的需求。通过调节产品的角度、高度、施压力度等，满足患者的个性化需求。

（三）易用性原则

尽管该系列产品更多时候是理疗技师使用，但也要保证患者家属在简单学习后能在家使用，故产品界面与操作方法应尽量简洁明了，方便操作。

---

① 夏敏燕. 基于认知控制模型的机电产品人机界面设计［J］. 包装工程，2009，30（11）：140-142.

尽量去掉不必要的复杂细节，使提供的信息与用户的期望和直觉一致。①

（四）情感化原则

患者遭受突然的人生打击，身体行动不便，心情郁闷。在其从医院转到康复站点或家里休养后，提供的产品的造型风格要尽量摒除医院的清冷感，而让人产生积极向上的动力，保持心情愉悦，激发患者主动锻炼。

（五）智能化原则

在"互联网+"时代，基于智能硬件的实时和可获取的健康数据给传统健康理疗产品带来巨大推力②，借助网络、云技术、大数据，实现康复理疗数据的长期跟踪和检测，帮助患者评估自身身体状况，掌握内外因素，产生"自我效能"的积极心态和行为方式。各种生理数据、运动数据甚至心理数据要方便采集与分析。

三、关键技术分析

（一）智能感知技术

基于互联网技术的康复设备管理，并与康复业务流程整合，通过智能感知技术，结合 Pad 扫描二维码，将康复理疗床系列产品接入云康复管理系统，技师将治疗参数通过网络上传，实现设备的智能控制、云端处理、物联网化，有效实现康复病人各项数据的量化、可视化、精准化。

---

① 夏敏燕，汤学华. 基于认知心理学的机电产品人机界面设计原则 [J]. 机械设计与应用，2010（1）：183-185.
② 傅晓云，胡茜茜，朱意灏."互联网+"时代下健康理疗产品创新设计趋势研究 [J]. 包装工程，2017，38（22）：11-15.

（二）云康复信息管理系统

作为整体医疗解决方案的一部分，移动医疗已成为一种新的趋势。① 除了通过康复设备管理，将康复病人的治疗参数录入数据库存储于云端，形成病人康复信息的全记录，云康复信息管理系统还包括以下主要功能：病人信息管理、双向转诊、远程视频会议、数据统计与查询、量表评定等。② 该系统可进行健康状况和危险因素风险评估，实现病患动态跟踪监测，并及时了解干预效果。通过深入云技术、大数据，还能给患者带来更准确的医疗诊断和健康指导。整个云康复信息管理系统的工作流程、交互关系如图 4-8 所示。

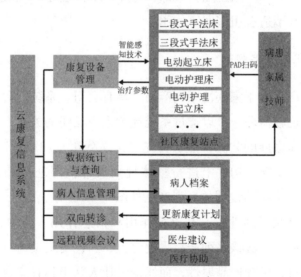

图 4-8 云康复信息管理系统工作流程示意图

---

① WEI R, YANG Z. Design and Implementation of Doctor-Patient Interaction System Based on Android［C］//2015 International Conference on Intelligent Systems Research & Mechatronics Engineering. Zhengzhou, 2015：580-583.

② 于壮云. 基于云康复系统的架构与测试［J］. 科学信息化, 2017（12）：179-180.

四、康复理疗床系列产品设计

（一）原有产品存在问题

（1）机械医疗感强。原有产品采用深蓝色床垫、金属床架，纯粹从医疗功能和使用性角度考虑，而几乎没有关注到用户的情感需求，忽视了产品的形态美观性，使人产生抵触心理。

（2）操作不便。原有产品尽管具备多项功能，但功能的复杂性给使用者带来诸多操作困难。且固定人员使用，无法上传相关治疗数据。

（3）推动不便。原有的产品体量大，结构复杂，不易折叠拆卸，操作不便，并不适合租借回家使用。

（二）系列产品规划

该系列产品属于家族性系列产品，具有套组、系统的含义，在性质上，统一性比较薄弱。可以透过系统地考虑产品间的关系，在造型、构件上营造产品家族的共同特点。首先对该系列康复理疗床产品在形态、色彩、材质、功能、构件上进行整体规划设计，再进行产品细节设计（见图4-9）。由杨浦设计的系列产品如图4-10所示。

在色彩上赋予感性化，其象征作用和情感作用大于形态和材质肌理，且成本最小。故该系列产品采用绿色、白色皮质覆面，给人以清爽干净之感，符合医疗产品属性，而浅绿色让人联想到春意盎然，激发患者生机。在形态上，突出部分尽量采用弧形、弧面，避免病患、技师磕碰。在材质上，在支架底座上采用直条形空心钢质型材，降低生产成本，减轻产品重量，方便搬运。在构件设计上，尽量利用模块化设计解决康复理疗产品系列部分功能类似导致重复设计问题、易用性问题，利于循环利用，方便清洁维护，同时方便拆卸或折叠。

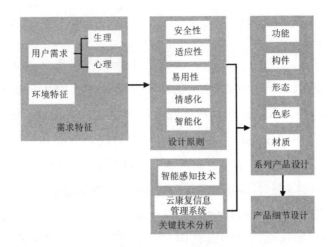

图 4-9 康复理疗床系列产品设计流程

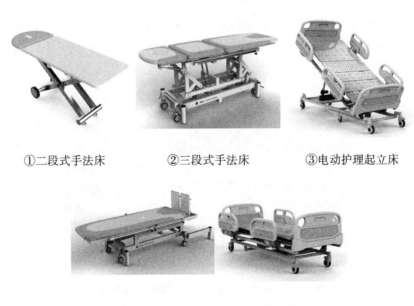

①二段式手法床　　②三段式手法床　　③电动护理起立床

④电动起立床　　⑤护理床

图 4-10 康复理疗床产品族设计

（三）产品细节设计

在第一次的设计方案中，三段式手法床在病患头部位置安装了把手，增加美观性，同时使搬运时或者病患接受治疗时可以抓握（见图4-11）。然而在样机测试时发现该把手由于连接在头枕处，而不是跟床架连接，连接牢固度不够，搬运时抓握极易损坏。故在后续设计方案中，所有的抓手均缩在床身下，与床架连接。支撑底座原方案采用折弯形，导致必须采用三段实心方钢焊接而成，从而导致成本上升、重量增加，且易生锈损坏。在改进版中选用直条空心钢质型材。

在云康复操作系统界面设计中，采用简约的卡片式平面设计风格，采用翠绿色，与硬件界面色彩一致（见图4-12），界面尽量简洁易理解。借助智能终端界面，人机交互关系拓展到产品—用户/相关者多种使用模式。① 用户可以通过扫码登录系统，或输入账号；医生/技师可查询各个患者的信息与治疗记录；可以检查各个设备，设置设备配置；查询设备使用时间、工作模式等；也能进行设备自检，保证设备能正常使用。

图4-11　三段式手法床设计方案第一版样机

---

① 巩淼森，李雪亮，罗小荷．基于人机交互的家用胎心仪设计研究［J］．机械设计，2016，33（12）：126-128.

①登录　　　　　　②用户信息　　　　　　③处方

图 4-12　云康复操作系统部分界面

五、结论

大健康产业正逐渐转向"防—治—养"一体化模式，借助互联网信息技术，医疗健康服务在行业资源整合、医患角色拓展、关系网络构建等方面取得了突破，产生了多种数字化社会创新形式。① 即使是传统的康复理疗床产品，在"互联网+"的环境下，在云康复理念下，也能焕发出新的生机。文中以多功能护理床系列产品为例，通过分析用户需求和环境特征，提出产品设计原则与实现功能的关键技术，进行系列产品设计。目前该系列产品已被使用在该品牌的社区康复站点，从用户和厂家反馈来看，实现了预期的安全性、易用性、适应性、情感化、智能化的目标，也增加了系列产品的整体性与品牌识别度。由于康复产品的样机制作费用较高，下一步的工作应建立康复产品的辅助设计系统，如采用侯冠华、卢国英基于眼动数据提出的一种应用遗传算法优化 BP 神经网络的用户体验预测模型②，从而减少产品研发费用。

---

① 巩淼森，李雪亮，肖东娟. 面向数字化社会创新的医疗健康服务设计［J］. 包装工程，2015，36（12）：24-28.

② HOU G H, LU G Y. The Influence of Design Proposal Viewing Strategy：Design Aesthetics and Professional Background［J］. International Journal of Technology and Design Education，2018，28（2）：543-564.

基于服务设计的医养结合康复系统研究[①]

荷兰飞利浦设计总监马扎诺曾在书中提出，基于医疗技术的产品设施设计应重视用户体验，可通过对患者就医流程及医院环境的研究来提升就医体验。而就康复服务这一细分领域而言，我国起步较晚，存在康复服务供不应求、康复医疗设备相对落后、患者就医烦琐、缺少康复积极性，从而无法提供良好的康复服务体验等痛点。尤其在实现医院、社区和家庭的医养结合康复服务方面，仍需进一步改善。因此，文章遵循以用户为中心的服务设计核心原则，采用服务设计的理念，与服务提供者、目标用户等相关利益者进行沟通与共创，发掘相关利益者的多维触点与使用场景，进一步深入挖掘医养结合的新医疗模式，从更宏观更系统的视角来设计医养结合康复 APP，从而为老年患者提供更便捷舒适的康复体验。

一、服务设计概述

服务是一种无形的经济活动，它是以满足用户需求为基础，创造服务价值为目标，在服务提供者与服务接受者（用户）之间进行价值传

---

① 原文发表于《工业设计》，2022 年第 4 期，系上海市大学生创新创业项目"健康老龄化背景下的医养结合康复系统服务设计研究与实践"成果，作者：戴佳妮，夏敏燕，王逸豪；并结合了项目组成员发表于《工业设计》2021 年第 11 期的论文"基于服务设计理论的医疗康复服务系统设计研究"，作者：陈开毅，夏敏燕，姜皓译。

递的互动行为。① 在 Lynn Shostack 在营销心理学首次提出服务设计概念②之后，服务设计方法能基于用户的动线与流程，有效串联、组织和规划产品/服务涉及的场景、设计对象等诸多元素，从而为用户提供难忘而有价值的体验。服务设计聚焦于行为（场景、任务、目标、意义）、流程（过程、手段、资源）和环境（节点、物理空间和社会场所）的创新，以及由此带来的效率、效益、体验和意义的改变。服务设计涉及了一系列的实体、数字、人际接触点。服务设计从相关利益者出发，采用服务生态图、服务蓝图等工具方法，是涉及"前台"、"后台"的多维"用户"，通过对企业资源（人员、道具、流程）进行规划和组织，直接提高员工的体验感，间接提高客户的体验感，从系统角度分析并提供更为"全局"的体验优化。

二、医养结合康复 APP 概述

医养结合康复 APP 是在传统的专业医疗康复技术与设备基础上借助互联网平台，集医疗、养老、康复等服务为一体的线上康复服务平台，为老年患者提供线上康复服务，主要应用于各类康复医院、康复中心，为患者提供方便的、快捷的、舒心的康复服务。

现有医养结合康复 APP 的功能主要以在线问诊、挂号、支付、线上购药、定时提醒等为主。以国内某康复 APP 为例，其针对全国的慢性病患者搭建了医疗健康管理的平台，可帮助医患在线联络，定制患者专属的慢性病管理方案，实现远程复诊和拿药，并打通了零售配送上门渠道，结合互联网大数据等先进技术提高康复效率与准确率。尽管现有APP 解决了挂号难、买药烦的问题，但并未进一步考虑到康复流程中患者的心理需求，缺少照料服务等相应辅助功能，也并未针对多个服务

① 胡飞，李顽强. 定义"服务设计"[J]. 包装工程, 2019, 40 (10): 37-51.
② 林颖. 基于服务设计理念的慢性病健康管理系统设计研究 [D]. 鞍山：辽宁科技大学, 2020.

应用场景进行进一步的考虑等。①

三、基于服务设计理念的老年患者医养结合康复 APP 设计思路

（一）以用户旅程图还原康复服务触点

以目标导向设计的方法论为出发点，走访相关康复器械企业、1 家康复医院以及 1 家社区服务中心，进行目标人群和相关利益者调研，观察康复流程过程中各角色的行为职能和需求，进行一对一访谈，获取医院康复科、康复医院的康复医生、社区康复中心服务者、老年康复者、厂商的需求和痛点，并绘制医生、康复治疗师与患者的用户画像。通过头脑风暴和卡片归纳法，梳理并呈现用户进行康复治疗的服务前、服务中、服务后的整个过程，形成用户旅程图。用户旅程图是服务设计中常用的重要工具手段，它可以直观地表达整个服务过程中的用户心理需求和服务触点，帮助设计出具有创新性的用户体验。② 通过对使用现有医疗康复系统的患者进行调研，分析患者在就医前、就医时和就医后的行为特征，从这三个主要阶段中发掘患者的心理需求，将其以可视化的方式绘制成用户旅程图，找到其中的触点和机会点，从而进行新的医疗康复服务系统的设计。

如图 4-13 所示，以阶段、用户目标、行为、想法、情绪曲线、机会点来描述老年患者在入院前、康复中、转院或出院的整个康复交互过程，将各触点可视化，相应的用户痛点与需求显而易见。在就医环节时大部分患者都是感觉整个过程枯燥乏味、康复效率低下，产生康复无效的想法，导致患者对康复治疗的配合度较低，从而影响进一步阶段的康

---

① 吕常富，张凌浩．服务系统设计在医疗管理中的应用研究［J］．环球人文地理，2014（2）：256.

② 韦伟，吴春茂．用户体验地图、顾客旅程地图与服务蓝图比较研究［J］．包装工程，2019，40（14）：217-223.

复环节。因此从患者心理需求角度入手，引入激励和社交的新模式来改善患者对康复治疗的看法，从主观上解决患者康复治疗配合度不高的问题，以此来提高康复效率。

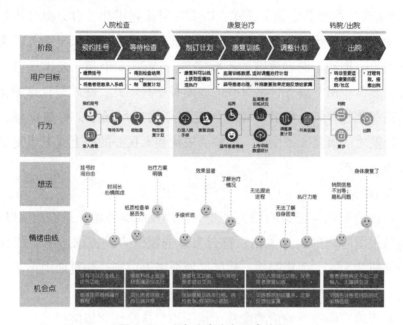

图 4-13 老年患者康复用户旅程

（二）以体验推动因素和情绪曲线提出设计方向

依据社会经济、技术发展趋势、目标人群、企业品牌定位等诸多因素，提出以下三点主要体验推动因素：

1. 数据云共享

结合当下大数据技术发展趋势，医养结合康复 APP 采用数据云共享的技术，将患者首次输入的个人信息上传至云端，从而减少流程中患者个人信息的重复输入；增添患者在康复治疗过程中的参与感与主观能动性。从视觉效果、使用流畅度、用户关怀度、康复服务体验等设计角度提出相应功能，提高康复效率。

2. 医养结合深化

根据用户情绪体验曲线图和康复过程中的各触点分析用户需求得出，需要减少康复科、康复医院、社区康复中心之间的重复工作，融入"医养结合"的新养老服务模式，以实现资源利用和整合，提高康复服务效率。而随着我国养老水平的不断提高，养老和医疗康复服务需求的快速增长也推动了助老政策的不断完善。自 2021 年起，老年患者享有部分康复器械租赁服务价格 50% 的政府补贴。因此，在政策扶持的背景下，需深化医养结合服务，拓宽康复服务的应用场景，打通家庭、社区、医院之间康复服务壁垒，能够为更便利、良好的线上线下康复服务体验奠定基础。

3. 国际化

根据前期调研走访的相关企业调性以及品牌战略，总结出 APP 整体应紧跟国际化的设计风格，符合大众的视觉审美需求。APP 界面设计遵循简洁大方、色彩明快、功能区域清晰等原则，如页面内预留更多空间、避免使用多列的布局、减少使用斜体字体等。

基于用户旅程图的情绪曲线，运用用户体验优化思维模式，提出了三个改善用户体验的主要设计方向：（1）减少等待时间；（2）提供情感抒发平台；（3）提高患者康复积极性。其中减少等待时间和提高患者康复积极性这两点是为填平情绪曲线的波谷，即解决用户基础型需求和痛点，而提供情感抒发平台是为拔高情绪曲线的波峰，即在较满意原服务体验的情况下，更进一步满足用户的兴奋型需求。

（三）以小组共创搭建 APP 信息框架

研究小组运用 635 法激发创意，提出了 60 种设计想法，并采用 DVF（Desirable 用户合意性，Viable 商业可行性，Feasible 运营／技术可行性）筛选法、重要性/确定性排序等方法①，就关键环节思考线上线下的互动，明确医养结合康复 APP 的功能模块，搭建该 APP 的信息框架（见图 4-14）。

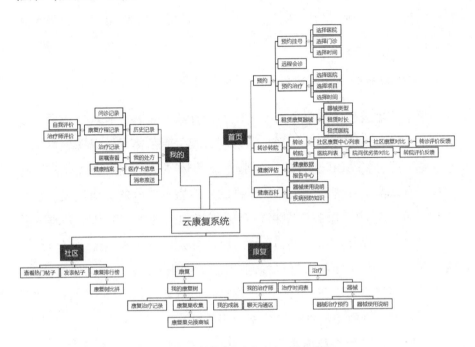

图 4-14 医养结合康复 APP 信息框架

在患者康复流程中，用户行为可细分为预约挂号、抵达医院、诊断病情、获取医生开具的医嘱以及康复治疗计划、进行康复训练、了解康复情况、适时更新康复计划、转院或出院等。基于前期调研的用户痛点、设计方向和用户细分行为，APP 设计了首页、康复、社区和我的四大功能页。在"首页"页面，患者可以预约挂号、远程会诊、预约治疗以及租赁康复器械，并线上完成缴费；查看转诊转院的基础设施、地理位置、医院环境、联络方式等详细信息的对比图表、健康数据评

---

① 黄蔚．服务设计驱动的革命：引发用户追随的秘密［M］.北京：机械工业出版社，2019：135-136.

估、了解健康科普知识。在"康复"页面，患者完成每日康复训练后进行康复树打卡，查看康复进度和治疗记录，累积康复果形成康复排行榜，患者可用康复果兑换商品。在"社区"页面，患者可发帖以及查看热门帖和康复排行榜。在"我的"页面，患者可翻阅个人病史及医疗卡信息。

（四）以服务蓝图梳理线上线下康复服务体系

整个使用流程采用服务蓝图的服务设计绘图工具，直观地梳理了线上线下一体化的康复服务体系，结合利益相关者的需求，以图表可视化的视觉形式分析 APP 现有的康复服务流程体系，识别潜在优化点，挖掘是否有缺漏，并消除冗余，从而推动用户服务体验的更新迭代。从图4-15 中可以看出，服务蓝图将整个康复流程分为规划确认、办理入院手续、康复治疗和出院/转院四大板块，分别从实体证据、用户行为、前台服务、后台工作和支持过程四个区域来细分老年患者的康复流程，由表及里地将康复服务的执行与运作过程可视化，把服务中的各个要素整合到一起，进而更清晰地描述整个服务流程与相关的人、物、环境互动。任何完整的服务都离不开前、中、后台的支持。本医养结合康复APP 的前台是离用户最近的，也就是医生、治疗师和护士等医务人员；中台是指为前台服务提供专业的共享平台，具有专业化、开放化、系统化的特征，也就是本医养结合康复 APP；而后台则是提供服务以及技术支持、建设基础设施以及数据和风险监管，也就是数据云共享、基础研究、战略指引以及 APP 的后台管理系统。

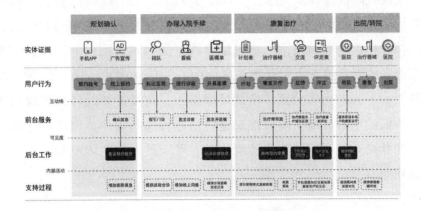

图 4-15 医养结合康复服务蓝图

四、基于服务设计理念的老年患者医养结合康复 APP 设计方案

(一) 医养结合康复 APP 原型测试

在信息框架基础上，进行医养结合康复 APP 的原型设计，并从定性与定量两个角度进行可用性研究。

1. 眼动测试

采用 Tobii 眼动仪对 30 名被试进行眼动测试，根据热点图、轨迹图等眼动指标进行定量评价。结合提出的新的服务模式和现有康复医疗软件，搭建一个具有简单交互的系统界面模拟原型，以满足后续眼动测试以及系统可用性评估条件设定。眼动测试需要用到眼动仪设备来识别和追踪人的瞳孔，可用于推断的认知、情绪、喜好和习惯。[①] 使用眼动仪的视觉跟踪技术，可以在系统软件界面中记录受测者的感兴趣的空间位

---

① 康丽娟. 眼动实验在设计研究中的应用误区与前景：基于国内研究现状的评述 [J]. 装饰，2017 (8)：122-123.

置、注视时间以及视觉轨迹，以形成相应的热点图和路径图①，为后续分析该医疗康复系统的可用性提供补充参考。图 4-16 为实验测试后生成的部分热点图和轨迹图。通过结合热点图和轨迹图的对比可知，30名受测者的视觉热点主要聚集在界面中心的信息内容，接着是下方的导航栏和上方的内容分区。由此可以得出，将最主要的转院转诊功能放在页面的中心区域，可以准确地将信息传递给用户；而次要辅助里程碑和社交功能可以放置在边缘位置，可以最大化地体现新模式带来的新功能。

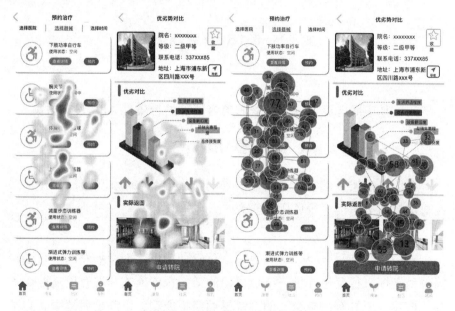

图 4-16　部分热点图和轨迹图对比

2. 系统可用性量表分析

系统可用性量表由十个主观评测问题组成，采用李克特 5 分式量表

---

① 孟维维，夏敏燕，李一凡. 基于感性工学的直立起立床设计要素研究 [J]. 工业设计，2020（3）：28-29.

法，分为五个正面描述题和五个反面描述题，十个问题之间具有高度的相关性。表4-1为SUS系统可用性的十个问题各分项的人数与平均得分情况，通过计算得出SUS得分为71.25分，这说明该系统的可用性处于合理范围内。① 由此可见，在现有医疗康复服务系统上引入"线上+线下"的新模式，可以在一定程度上提高患者们的医疗康复效率。而云端数据库是一种革新，加上激励机制和社交平台的辅助，为今后相关的医疗服务设计、云数据应用和医疗康复软件界面研究等方面提供了有利的参考价值。

表4-1　SUS系统可用性量表各分项人数与平均分

序号	问题	1分	2分	3分	4分	5分	平均分
1	我愿意使用这个系统	0	1	1	13	15	4.4分
2	我发现这个系统过于复杂	7	13	4	5	1	2.33分
3	我认为这个系统用起来很容易	0	2	6	14	8	3.93分
4	我认为我需要专业人员帮助才能使用该系统	9	10	4	6	1	2.33分
5	我发现这个系统中的功能很好地整合在一起	0	2	9	15	4	3.7分
6	我认为系统存在大量不一致	6	13	6	5	0	2.33分
7	我认为大部分人能很快学会使用该系统	1	2	5	12	10	3.93分
8	我认为这个系统使用起来非常麻烦	5	16	8	0	1	2.2分
9	使用这个系统时我非常有信心	0	3	9	12	6	3.7分
10	使用该系统前我需要大量学习	10	14	4	1	1	1.97分

（二）基于使用流程的医养结合康复APP

在可用性测试之后优化设计方案，基于用户使用流程提出如下

---

① 王国宏，刘胜林，吴汉曦，等. 基于系统可用性量表的输液泵可用性评估［J］. 中国医疗设备，2012，27（10）：25-27.

方案：

1. 入院前

针对挂号等待时间长、纸质单据易丢失、病人病症情况不稳定等问题，医养结合康复 APP 采用：（1）线上预约与挂号功能，汇集患者、院方数据，降低使用 APP 的操作门槛，减少排队等待时间；（2）提供数据云共享和电子医嘱治疗单功能，病患输入一次个人信息即上传云端，院方可线上查看患者个人信息及相关病史，同时医嘱等纸质治疗单也同步上传云端，生成数据流和工作流，无须重复登记；（3）加入租赁共享概念，针对当下市场康复器械昂贵、使用频率不高的问题，患者可以自行租赁相关医疗器械如康复理疗床、轮椅等，用 APP 扫描器械上方二维码，获得教学视频自行完成康复训练，实现社区康复、在家康复。[①]

2. 入院康复训练

在康复训练过程中，老年患者患病后会出现低落、康复不积极等问题。医养结合康复 APP 提出：（1）康复树里程碑式记录康复过程：采用康复树成长结果的可视化形式方便患者及时查看当前康复进度，增添用户互动感和康复积极性，提高康复效率；（2）康复果兑换商城：每日康复训练打卡积累康复果兑换实际奖励，结合目标人群的年龄阶层和喜好，奖励种类设定在生鲜水果、日用品、低糖零食三大类；（3）康复排行榜：枯燥重复的康复训练难免使老年患者产生怠惰、抵触情绪，失去坚持训练的动力和毅力，适当良性竞争促使患者更有康复动力；(4)社区板块：可以和院内其他病患线上聊天舒缓情绪，与治疗师随时私信沟通，院方也可以及时了解患者生活情况，提高康复质量；（5）康复器械预约功能：患者在线上可租赁康复器材，实现线下社区康复、在家康复。

---

① 姚雯. 基于服务设计理念的老年患者智能家居产品设计研究［J］. 西部皮革，2021，43（02）：49-50.

3. 转、出院时

病患信息不对等、个人信息隐私权限限制、患者对转院的抵触情绪等是当下转院难的主要影响因素。医养结合康复 APP 提出：（1）提供数据可视化的转院优劣势图表。有了这一图表，患者方便查看院方提供的转诊转院信息，进行医院的医疗技术水平、地理位置、离家距离、周围环境、联络方式、就医成本、病房舒适度、医院基础设备、交通出行便利度等多方面对比，让患者更容易接受转院能够获得更合适的康复治疗，直到痊愈出院，从而适时地提高患者在转院过程中的主观能动性，缓解患者的抵触情绪。（2）对隐私信息设置权限。对转诊医院或社区设置查看权限，减少个人信息泄露的可能性。在平台上所上传的数据均会设置查阅权限，包括病人基本信息等，提供患者与医院、患者与患者之间的交流平台，正规转接流程仍会由院与院直接对接。APP 与社区康复服务、医院、患者间的互动见图 4-17。

图 4-17　APP 与社区康复服务等的互动

（三）医养结合康复 APP 的适老化设计

1. 调整 APP 功能模块的比例

首先，对 APP 信息布局和各功能模块等进行合理规划的设计。考虑到目标用户在使用 APP 的过程中注意力是有限的，因此在进行初稿设计后，通过眼动仪实验对目标用户进行可用性测试和访谈，将重要功能和内容放在用户操作界面时第一眼就能看见的区域，并删去多余的操作步骤。同时针对老年患者普遍的视力情况，APP 调整了每一页内各模块的占比。结合视觉和谐平衡的设计原则，将图片和 icon 图标在页面中的占比尽可能放大，字号也选择较大的 16 号，并使用具有鲜明对比的色块来划分，以便老年患者更清楚地区分各功能模块，快速地找到所需功能。

2. 增添趣味性模块

在原有单调的康复数据界面基础上，本康复 APP 新增了康复树板块以及相关附属功能，界面详见图 4-18。结合亲和设计的原理以及老年患者对于绿色美好寓意的倾向心理，以康复树的萌芽、成长、结果等成长过程来代表康复中的每个里程碑。患者可以完成每日康复训练，自主在康复树进行打卡，查看自身康复进度并累积康复果，并在每月内形成康复排行榜。经过一阶段的康复训练，患者可使用康复果兑换实际的日用品奖励。设计的新增功能可让患者切身观察到每日身体状况变化，获取更高层次的主观能动性和积极的心理暗示，从而有助于康复疗效和患者的心理健康。

图 4-18　医养结合康复 APP 高保真界面设计

（四）商业画布

医养结合康复 APP 的商业画布如图 4-19 所示。

1.目标顾客细分 • 有康复需求的老年群体 • 患有慢性疾病的老年患者 • 医院的医生、治疗师、护士		4.独特价值定位 • 基于服务设计的医养结合云康复系统	5.竞争优势 • 可基本实现线上预约挂号 • 康复树里程碑式呈现康复进度 • 转院信息垂直分析对比 • 可预约器械设备	11.战略目标和举措 • 前两年广告招商以30个广告为目标 • 在国内市场基本普及 • 实现精细化运营 • 进行持续数据回收，定期内容调优
2.需求/问题/机会 • 排队等待时间长 • 重复输入个人信息 • 纸质治疗单、医嘱易丢失 • 无法跟进康复进程 • 康复过程易丧失积极性 • 对康复过程熟悉无须指导 • 转院转诊信息不对等	3.解决方案/产品 • 线上预约挂号服务 • 病史、个人基本信息存储云端 • 医嘱、治疗单上传云端 • 康复树里程碑式进程呈现 • 康复果兑换实际奖励 • 提供器械预约+使用说明 • 转院优劣势分析服务		5.竞争优势	11.战略目标和举措
		6.传播点 • 医养结合 • 服务设计重新架构康复系统	7.推广 • 软文宣传 • 行业App广告直投	
8.成本结构 • App平台运营+维护 • 康复果兑换的商品支出 • 联合康复医院组织小型娱乐活动		9.关键指标 • 日康复训练量 • 康复周期时长 • 每周社区发帖	10.收入来源 • 付费问诊 • 器械租赁中介费用 • 医院方购买作为主要使用平台	

图 4-19　商业画布分析

五、结语

通过分析现有医养结合康复类 APP 的痛点和设计机会点，采用了服务设计的理念，贯彻了"以用户为中心"的服务设计核心原则，分析了老年患者及相关利益者在整个康复服务流程中的特点与需求，探索了医养结合康复类 APP 的设计思路，通过用户旅程、体验推动因素及优化模式、搭建 APP 信息框架，并提出了线上预约挂号缴费、康复器械预约及租赁、康复树、康复果兑换商城、康复排行榜、转诊/院优劣势对比等解决方案，从而提升了老年患者的康复效率以及用户体验感。

后 记

  自 2005 年研究生毕业至今已有十多年，我从一名"青椒"逐渐成长为一名老教师。其间我主导了上海电机学院工业设计、产品设计专业的新专业申报、检查、学士学位评估、专业评估，参与了数字媒体艺术专业的申报与建设，见证了系部、学院、学校的发展。青葱岁月，就挥洒在了这个技术应用型本科院校的建设中，也努力不忘记专业与初衷，在琐碎的教学事务中挤出时间翻阅整理资料，思考工业设计理论方法与实践路径。

  今天，我们正面临新时代文化建设的重大命题，设计学科所肩负的责任之大不言而喻。上海电机学院原来背靠上海电气集团，现为上海市教委公办院校，拥有很好的企业资源与发展空间。在最近的十多年里，我们已取得了丰硕的成果和长足的进步，但仍要更主动地往前看，尤其在全面转型的关键时期，直面真问题、勇于真创新是中国设计崛起的关键点，也是学院专业教师个人成长的关键点。设计既可支撑产业发展，也能托举文化塑造，当下正是中国设计发展的前所未有的机遇期。以用户为中心的设计拓展为聚焦于利益相关者，将跨学科合作拓展为多集群协作，并将聚焦于利益相关者和多集群协作纳入利益磋商。创新过程的焦点从单个企业的内部过程转向企业间的外部协作，更加重视上游研发活动和下游顾客的相互交流学习。智能技术更为广泛，也链接了更多人、事、物，降低了共创的成本，"线性创新范式"发展为"网络创新